„Es muß besser werden!“

Aby und Max Warburg im Dialog
über Hamburgs geistige Zahlungsfähigkeit

von Karen Michels

Hamburgische Wissenschaftliche Stiftung
gegründet 1907

Mäzene für Wissenschaft

hg. von Ekkehard Nümann

Gefördert von der Böttcher Stiftung

BÖTTCHER STIFTUNG

Den Familien gewidmet, die durch ihre hochherzigen Stiftungen vor 113 Jahren die Gründung der *Hamburgischen Wissenschaftlichen Stiftung* ermöglicht und den Grundstein dafür gelegt haben, dass die Stiftung auch heute noch Forschung, Lehre und Bildung fördern kann.

Inhalt

Vorwort des Herausgebers

Im Jahr 2007 feierte die Hamburgische Wissenschaftliche Stiftung ihr 100-jähriges Jubiläum. Der vorliegende siebzehnte Band ist Teil der zu diesem Anlass ins Leben gerufenen Schriftenreihe „Mäzene für Wissenschaft“. In ihr wird die Geschichte der Stiftung dargestellt; außerdem werden Stifterpersönlichkeiten und Kuratoriumsmitglieder in Einzelbänden gewürdigt.

Die Absicht, diese Reihe herauszugeben, entspricht dem dankbaren Gefühl den Personen gegenüber, die vor mehr als 100 Jahren den Mut hatten, die Stiftung zur Förderung der Wissenschaften in Hamburg zu gründen und erreichten, dass Hamburg eine Universität erhielt. Verknüpft damit ist die Hoffnung und Erwartung, dass nachfolgende Generationen sich hieran ein Beispiel nehmen mögen.

Dieser Hoffnung hat die Böttcher Stiftung in hochherziger Weise entsprochen, wofür wir ihr zu großem Dank verpflichtet sind.

Ekkehard Nümann

Vorwort

Aby und Max Warburg, Hanseaten im besten Sinne des Wortes, haben auf ihren jeweiligen Tätigkeitsfeldern Herausragendes geleistet: Aby, der ältere der beiden Brüder, hat der Kunstgeschichtsforschung eine neue Richtung gewiesen, die bis zum heutigen Tag nichts an Aktualität und Durchschlagskraft eingebüßt hat, während Max nicht minder bedeutend für das Bankwesen und Wirtschaftsleben seiner Zeit war. Seine Leistungen in der späten Kaiserzeit, in den Jahren des Ersten Weltkrieges und in der Weimarer Republik sind vielfach analysiert und gewürdigt worden.

Gemeinsam strebten beide eine Symbiose zwischen dem merkantilen und dem geistigen Hamburg an, wie es Aby 1909 ausdrückte. Dieses Zusammengehen von Geld und Geist hat, wie man weiß, bemerkenswerte Früchte getragen, auch zugunsten der Hamburgischen Wissenschaftlichen Stiftung. 1906 spendeten Moritz Warburg und seine Söhne 250.000 Mark, eine stattliche Summe, die dabei half, die Stiftung, die die Einrichtung einer Universität vorbereiten sollte, zu etablieren. Was Aby Warburg an Finanzmitteln für seine Forschungsambitionen vom Bankhaus M. M. Warburg, also von seinen Brüdern, zur Verfügung gestellt bekam, war ganz außerordentlich. Kein Wunder, dass Max die Bibliothek seines Bruders als Zweigstelle des Bankhauses charakterisierte, die sich „kosmischen statt irdischen Aufgaben" widmete. Das Zusammenführen von Geld und Geist hat in der Stadtrepublik Hamburg bekanntlich eine lange Tradition, die bis in unsere Zeit anhält. Man denke nur an Jan Philipp Reemtsma und sein Hamburger Institut für Sozialforschung.

Dies ist ein Erzählstrang des ungemein gehaltvollen und berührenden Buches. Ein weiterer gilt dem Judentum, in das Aby und Max hineingeboren wurden. Es geht um das Auf und Ab bei der Assimilierung und die gesellschaftliche Akzeptanz ihrer religiösen Wurzeln, um die immer wieder auflebende Verzweiflung über das Verhalten ihrer christlichen Landsleute und die beständige Hoffnung auf eine Besserung des christlich-jüdischen Zusammenlebens. Karen Michels resümiert dazu: „Ihre so unterschiedlichen

Lehr- und Wanderjahre ergaben in der Rückschau dennoch eine ähnliche Geschichte: Sie erzählt vom Wunsch, dazugehören zu dürfen, und von der bitteren Erkenntnis, dass dies, allen gesetzlichen Gleichstellungsmaßnahmen zum Trotz, nur partiell, nur momentweise gelingen konnte. Diese Erfahrung wird beider Leben bis ans Ende prägen, und sie wird sowohl Aby als auch Max dazu animieren, auf immer neue und sehr persönliche Weise Wege der Integration zu suchen."

„Wenn mehr Bücher gelesen würden, so würden weniger geschrieben werden", hat uns Aby Warburg ins Stammbuch geschrieben. Wie dem auch sei: Dieses Buch musste geschrieben werden. Es fügt der umfangreichen Warburg-Literatur wichtige neue Aspekte hinzu. Und es darf als ein besonderer Glücksfall betrachtet werden, dass sich Karen Michels des Themas angenommen hat, die sich bereits in mehreren Büchern und Aufsätzen intensiv mit Aby Warburg, seinem epochalen wissenschaftlichen Denken und dessen Wirkung beschäftigt hat. Ihre Einschätzung der Person Aby Warburgs, dieses Leuchtturms der Kunstgeschichtsforschung, der bis heute unvermindert hell strahlt, hat die Autorin 2010 in folgender Weise trefflich zusammengefasst: „Aby Warburg – eine der anregendsten Figuren der Geistesgeschichte des 20. Jahrhunderts, weitblickend, Grenzen sprengend, Horizont erweiternd, leidenschaftlich, jemand, der Wissenschaft mit hoher Emotion betrieb und den Mut zur Subjektivität und Parteinahme hatte."

Seine nach Seitenzahl schmale Dissertation über Botticellis „Geburt der Venus" und „Frühling" (1892, erschienen 1893), die in unseren Tagen als Gründungsurkunde einer gänzlich neuen Richtung kunstgeschichtlicher Forschung im Antiquariatshandel staunenswerte Preise erzielt, hat das „Lesen" von Bildern revolutioniert. Die interdisziplinär vorgehende Kunstwissenschaft war geboren, die Kunst von der „Abschnürung der eigentlichen Lebenskräfte" befreit. Und zugleich war es der Beginn einer Büchersammlung, die sich schrittweise zu der einzigartigen Kunstwissenschaftlichen Bibliothek Warburg (K. B. W.) entfaltete.

Aby und Max Warburg waren zwei herausragende Söhne Hamburgs, einer Stadt, zu der sich beide Zeit ihres Lebens hingezogen und der sie sich verpflichtet fühlten. Das Buch von Karen Michels gibt tiefe Einblicke in das Leben, Fühlen und die Wirkmächtigkeit der beiden Brüder, deren so unterschiedliche, aber auch gleichgestimmte Biographien eindrucksvoll miteinander verzahnt werden. Die Lektüre fesselt, bewegt und bietet vielerlei Neues, was den Leser mit großer Dankbarkeit erfüllt.

Die Böttcher-Stiftung hat die alleinige Finanzierung dieses Bandes gerne übernommen. Ihr Gründer, Johann Max Böttcher (1920–2014), hätte gewiss das Buch mit größter Aufmerksamkeit und Anteilnahme gelesen, haben doch seine eigenen jüdischen Wurzeln ihn in den Schreckensjahren 1933–1945 in mancherlei Bedrängnisse gebracht. Der Vorstand der Böttcher-Stiftung wird sich auch weiterhin den Anliegen der Hamburgischen Wissenschaftlichen Stiftung gegenüber aufgeschlossen zeigen.

Der Verfasser dieser Zeilen ist stolz darauf, mit zwei Adepten von Aby Warburg, die diesen noch persönlich in der K. B. W. in der Heilwigstraße 116 erlebt haben, in freundschaftlichem Kontakt gewesen zu sein: René Drommert und Hermann Vogts. Und zum Schluss darf vielleicht auch noch erwähnt werden, dass der Unterzeichnende mit der auf S. 37 erwähnten Helene von Hornbostel (1840–1914) verwandtschaftlich verbunden ist.

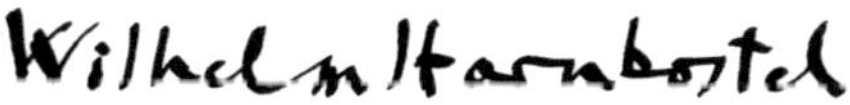

Wilhelm Hornbostel

Aby und Max (ca. 1895)

[1]

Einleitung

„Es muß besser werden“, schreibt Aby Warburg 1889 seiner Mutter in einem Brief. Was muss besser werden? Mit der Antwort auf diese Frage beginnt der rote Faden, der durch dieses Buch führt. Besser werden muss das Verhältnis zwischen christlichen Deutschen und jüdischen Deutschen. Der Dreiundzwanzigjährige hatte es gerade zum ersten Mal erlebt, dass man ihn in der Öffentlichkeit als Jude identifizierte – und seine Verunsicherung war groß. Früher als andere erkennt und beobachtet er die wachsende Bedrohung. Die Frage, wie ein friedliches Zusammenleben zwischen Christen und Juden aussehen könnte, wird zu seinem Lebensthema werden. Es ist, wie wir heute wissen, ein existenzielles Thema. Er teilt es vor allem mit seinem Bruder Max.

....

Die Gegensätze zwischen Aby und Max konnten nicht größer sein: Der eine hatte braune, der andere blaue Augen. Der eine war intellektuell, der andere Zahlenmensch. Der eine galt als schwierig und cholerisch, der andere als leichtfüßig und charmant. Aby begründete eine Bibliothek als Forschungsinstitut, Max übernahm die familieneigene Bank. Und doch gab es, so die Beobachtung, die diesem Buch zugrunde liegt, im Leben von Aby und Max Warburg auffällig viel Gemeinsames. Aby und Max verbrachten, das zeigen nicht zuletzt die im Londoner Archiv erhaltenen mehr als tausend Briefe, ihr Leben in einem beständigen Dialog. Dies lag sicher in einer herzlichen brüderlichen Zuneigung und dem traditionellen jüdischen Familienzusammenhalt begründet. Hinzu kam jedoch eine seltsame Verschränkung, die Abys Verzicht auf die Nachfolge im familieneigenen Bankhaus mit sich brachte. Es ist ein mehr als deutlicher Fingerzeig, dass die Lebenserinnerungen Max Warburgs dort, wo von der eigenen Kindheit und Jugend die Rede ist, zunächst den älteren Bruder beschreiben. „Aby, geboren am 13. Juni 1866, gestorben am 29. Oktober 1929, hätte in das Bankhaus eintreten und später Teilhaber werden sollen, wie es der Tradition der Firma entsprach. Er hat es aber abgelehnt, Bankier zu werden und studierte Kunstgeschichte an den Universitäten Straßburg und Bonn. Eine Reise in die Vereinigten Staaten schloss sich an, und sie ist zum entscheidenden Ereignis seines Lebens geworden. Fünf Jahre lang hat er dann leitend am Deutschen Kunsthistorischen Institut zu Florenz mitgearbeitet und sich schließlich in Hamburg als Privatgelehrter niedergelassen. Berufungen an verschiedene Universitäten lehnte er ab. (...) Als ich 12 Jahre alt war, machte mir Aby den Vorschlag, daß ich ihm sein Erstgeburtsrecht abkaufen solle; nicht etwa für eine Linsensuppe, sondern gegen meine

Verpflichtung, ihm immer seine Bücheranschaffungen zu bezahlen. Ich war ein Kind, und der Vorschlag erschien mir ausgezeichnet: das Geschäft vom Vater würde doch gewiß genug abwerfen, um mich Schiller, Goethe und vielleicht auch noch Klopstock kaufen zu lassen. Wir haben den Pakt feierlich mit einem Händedruck besiegelt. Dieser Vertrag war wohl der leichtsinnigste meines Lebens; freilich habe ich ihn nie bereut."[1] Nicht ohne Hintersinn spielt Max auf das „Linsengericht" an, mit dem im Alten Testament der ältere und dümmere Bruder Esau sein Erstgeburtsrecht auf den jüngeren Jakob übertrug. Die von Aby geforderte Gegengabe, auf den ersten und kindlichen Blick so harmlos wie ein Teller Suppe, erwies sich im Laufe eines Lebens als ein finanziell herausforderndes Projekt – aber eben auch als eine existenzielle Notwendigkeit.

WIE gelingt Assimilation? Jeder der Brüder wird zeitlebens nach einer sowohl individuellen als auch gesamtgesellschaftlichen Antwort auf diese Frage suchen. Die Kulturwissenschaftliche Bibliothek Warburg war in dieser Hinsicht eine Konstruktion, die einem zunehmend national und völkisch orientierten Deutschland ein alternatives Denk- und Lebensmodell vor Augen stelle. Sie war, so sagt ihr Begründer selbst, „kein Raum für die Allüren eines reichen Mannes", sondern ein „Instrument für Jedermann, geschaffen aus dem Gefühl der geistigen Notlage Deutschlands vor etwa 25 Jahren u.s.w.".[2] Den (überwiegend jüdischen) Mitarbeitern und Studierenden gilt sie in den zwanziger und dreißiger Jahren, in Anspielung ausgerechnet auf das Wort Luthers von der „festen Burg", als „feste Warburg". Von der „K.B.W." sollten Impulse nicht allein für die Wissenschaft, sondern für einen gesellschaftlichen Wandel kommen. Dies geht nicht zuletzt hervor aus den Worten, mit denen sich Aby gegen Ende seines Lebens bei seinem Bruder Max bedankt: „Ich werde es Dir und dem Vater nie vergessen – und habe Euch das öfter wiederholt – daß Ihr, als ich bei Euch Unterstützung im Kampf gegen den deutschen Herrlichkeitsexhibitionismus unter staatlichem Schutz verlangte, Ihr dem unoffiziellen, vereinzelten und unbewiesenen Zerebralmenschen einen moralisch blanko, wirtschaftlich stattlichen Kredit gewährt habt."[3]

DER Kampf gegen den Nationalismus und gegen den Herrschaftsanspruch der „deutschen Rasse" bildete das Aby Warburgs kulturwissenschaftliche Arbeit speisende, von Max verstandene und mitgetragene Leitmotiv. Die griechische Kultur bot das Modell: Es ist das ihr zumindest zugeschriebene vernunftgeleitete Denken, das gegen Irrationaltät, Barbarentum und Aberglauben ein Gleichgewicht bieten kann. „Athen muß immer wieder neu aus Oraibi [von Aby besuchtes Dorf der Hopi-Indianer in New Mexico, KM] erobert werden." Dem Nationalismus das zivilisatorische Potential des Humanismus entgegenzusetzen, ist das Ziel.

MAX unterstützt dieses Projekt und vor allem dieses Ziel. Als Verkörperung der *Vita activa* versucht er jedoch, auf wirtschaftspolitischem Terrain eigene Wege zu finden. Zunächst vertraut er, wie so viele, auf die Integrationskraft des Kaiserreiches. Nach dessen Untergang und der Katastrophe des Ersten Weltkrieges dagegen wandelt Max sich zu einem überzeugten, frühen Europäer. Gleichzeitig erscheint ihm nun die wissenschaftliche Analyse historischer und gegen-

Aby und Max als „Buchstabe V" aus dem 1909 gezeichneten „Fanö-Abc" von Mary Warburg

wärtiger Phänomene von weitaus größerer Bedeutung als früher. Wie sein Bruder legt er in den frühen zwanziger Jahren den Grundstein für eine wissenschaftliche Einrichtung, das Institut für Auswärtige Politik. Es wird zum ersten Friedensforschungsinstitut überhaupt. Und mehr denn je versucht er – etwa mit der Gründung des Übersee-Clubs – das merkantile und das geistige Hamburg zusammenzubringen und damit eine neue Plattform jenseits aller Rasse- und Religionsdifferenzen zu etablieren.

EINES der von beiden Brüdern, wenn auch mit durchaus unterschiedlichen Akzenten, gemeinsam verfolgten Ziele war die Gründung einer Universität in Hamburg. In der Frage der Einrichtung der „höchsten Form einer geistigen Werkstatt, einer forschenden und lehrenden Hochschule" ging es, so schrieb Aby schon 1909, um nichts weniger als um „Hamburgs geistige Zahlungsfähigkeit".[4] Dass die Familie Warburg für diese Universität in großem Stil Geld stiftete, bedeutete auch, dass sie sich zum ersten Mal mit erheblichen Mitteln für eine Institution engagierte, die keinen jüdischen Hintergrund hatte. Was waren die Gründe? Persönlich bot das Eintreten für eine Hochschule in Hamburg Aby wie Max die Möglichkeit, sich an einem patriotischen, zukunftsweisenden Projekt zu beteiligen, in dem rassische und konfessionelle Unterschiede keine Rolle spielten. Zugleich bedeutete der Einsatz für die Wissenschaft in Hamburg die Förderung der Fähigkeit, objektiv und historisch zu denken. Und schließlich erhoffte man sich von der Universität einer weltoffenen Handelsstadt Impulse, die dem anderswo gepflegten Nationalismus und „Klerikalismus" ein neues Modell entgegensetzten. In der spezifischen, realitätsbezogenen und zugleich freieren Atmosphäre des durch eine starke Kaufmannschaft geprägten „Tors zur Welt" ließ sich, so die Hoffnung beider Brüder, ein neues Denken begründen, das echte Assimilation möglich machte.

WAS hat das alles heute noch mit uns zu tun? In diesem Buch geht es um den Umgang mit Minderheiten und damit einem heute in Europa mehr als brisanten Problem. Aby und Max Warburg entwickeln für dieses Problem Lösungsvorschläge. Sie sind, das hat die Geschichte gezeigt, tragisch gescheitert. Aber, so die Hoffnung der Autorin, sie sind es doch wert, im Hinblick auf unsere gegenwärtige Situation noch einmal aus der Nähe betrachtet zu werden.

FÜR vielfältige Anregungen und Hilfestellungen danke ich sehr herzlich Ekkehard Nümann, Johannes Gerhardt und Eckart Krause.

1 *Warburg, Aufzeichnungen, S. 5 f.*

2 *Max Warburg, Erinnerungen von Max Warburg an Aby Warburg, o. D., wohl Dezember 1929 (Archiv des Londoner Warburg Institute, im Folgenden WIA, III.134.1.6.).*

3 *Zitiert nach: Schoell-Glass, Warburg, S. 167.*

4 *Warburg, Pflichten, S. 305.*

[2]

Was willst Du mit Kunstgeschichte?

Am 13. Juni 1866 wird dem Ehepaar Charlotte und Moritz Warburg ein Sohn geboren. In die Geburtsurkunde trägt man im Gedenken an den zehn Jahre zuvor verstorbenen Großvater den ungewöhnlichen Vornamen Aby – nicht Abraham – ein; er ist wohl als dessen anglisierte, dynamisch klingende Variante zu verstehen. Der zweite Name, den auch die noch folgenden vier Brüder tragen werden, ist der des Vaters, Moritz. Abys Vater Moritz ist 28, als sein erster Sohn zur Welt kommt. Zusammen mit seinem älteren Bruder Siegmund führt er das familieneigene Bankhaus. Eigentlicher Chef der Firma M. M. (Moses Marcus) Warburg jedoch ist die Mutter der beiden,

Das Wohnhaus von Sara Warburg in der Rothenbaumchaussee 49

Treppenwange, Gebäude der Kulturwissenschaftlichen Bibliothek, Heilwigstraße 116

Sara. Sie ist als ebenso erfolgreiche wie energische Matriarchin in die Geschichte eingegangen, die sich weder von Geschäftspartnern noch von den eigenen Söhnen je hat die Butter vom Brot nehmen lassen; auch ihr Mann „stand unter dem Pantoffel". Sara leitet nicht nur die Bank, sondern ist auch, wie es sich für Juden gehört, im Vorstand zahlreicher Wohltätigkeitseinrichtungen aktiv. Das repräsentative Haus Rothenbaumchaussee 49, das sie 1865 bezogen hatte, existiert nicht mehr; zwei der schönen, mit antikisierenden Ranken geschmückten schmiedeeisernen Fenstergitter aber fügte ihr ältester Enkel Aby in die Treppenwangen seines 1925 errichteten Bibliotheksgebäudes Heilwigstraße 116 ein, wo sie noch heute zu bewundern sind.

1864 hatte Moritz Warburg Charlotte Oppenheim aus Frankfurt geheiratet. Sie entstammte einer besonders frommen jüdischen, ebenfalls wohlhabenden und sehr gebildeten Familie. Ihr Vater Nathan handelte erfolgreich mit Edelsteinen, Perlen und Antiquitäten, und er sprach, so die Legende, dreizehn Sprachen: kein Wunder, dass auch die Tochter Charlotte zeitlebens ein aktives Interesse an Kunst und Kultur an den Tag und somit vielleicht auch das Fundament für ähnlich gelagerte Passionen ihres ältesten Sohnes legte. Charlotte schrieb Gedichte, veröffentlichte Erzählungen in der Frankfurter Zeitung und entfaltete eine so zielstrebige Persönlichkeit, dass die gefürchtete Sara in ihrer Schwiegertochter eine echte Geistesverwandte erkannte.[5] Sparsam, ja spartanisch in der Lebensführung, nahm sie grundsätzlich nur auf ungepolsterten Stühlen Platz und tat alles, um vor den Kindern den erheblichen familiären Reichtum zu verbergen.[6]

Fast auf den Tag genau ein Jahr nach Abys Geburt, am 5. Juni 1867, erblickt ein weiterer Sohn das Licht der Welt, der den Namen Max M. (für Moritz) erhält. Noch fünf weitere Kinder folgten: 1868 Paul M., 1871 Felix M., 1873 Olga und 1879 die Zwillinge Fritz M. und Louise. Bereits im Geburtsjahr von Max hatte die Bank das Haus Ferdinandstraße 75 erwerben können; es wurde zur Keimzelle des heute noch bestehenden, 1912–13 vom Rathausbaumeister Martin Haller neu errichteten Geschäftsgebäudes. Privat lebt man, versorgt von einigem Personal, im Grindelhof 1a und damit in dem später als „Klein-Jerusalem" bekannten Grindelviertel. Mit dem Erwerb eines großzügigen Hauses am Mittelweg 17/Ecke Johnsallee dokumentiert Moritz Warburg 1871 den sozialen Aufstieg der Familie. Der

Charlotte und Moritz Warburg mit Kindern und Verwandten, links außen Max, rechts außen Aby

Umzug bedeutet zugleich einen großen Schritt in Richtung Assimilation. Erleichtert hatte ihn die Auflösung der engen Verbindung von Staat und lutherischer Kirche in der Hamburger Verfassung. Dem Druck des Senates nachgebend, lockerte danach auch die Israelitische Gemeinde ihre Vorschriften: Sie spaltete sich in Orthodoxe und Reformjuden und stellte es seit 1867 jedem frei, sich einem der beiden Verbände anzuschließen oder auch nicht. Juden waren nun gleichberechtigte Hamburger Staatsbürger. So kam es, dass sich hier, in den an der Außenalster gelegenen, im 19. Jahrhundert neu erschlossenen Vierteln Rotherbaum und Harvestehude, die Bevölkerungsgruppen zu mischen begannen. Etwa ein Fünftel der Bewohner war jüdischen Ursprungs.

DIE Familie von Moritz' Bruder Siegmund, die zunächst über den Geschäftsräumen in der Ferdinandstraße lebt, bezieht etwa gleichzeitig eine herrschaftliche Villa am Alsterufer 18. Siegmund hatte mit der aus Kiew stammenden Theofilia beziehungsweise Théophilie Rosenberg eine schwerreiche kosmopolitische Frau geheiratet, die der Familie multinationale „byzantinische Verbindungen" einbrachte.[7] Sie pflegt einen aristokratischen, französisch geprägten Lebensstil, was bei den hanseatischen Reeders-Gattinnen nicht gut ankommt. Siegmund wird Vorsteher der jüdischen Gemeinde und richtet sich im Hause eine kleine Privat-Synagoge ein. Wenn er in ihr morgens seinen religiösen Pflichten nachgeht, ist er bereits für den Ausritt gekleidet. Rivalitäten zwischen den Schwägerinnen Charlotte und Théophilie – die eine frankophil-international, die andere preußisch-national gesinnt – und die permanenten Auseinandersetzungen zwischen den beiden unter ein gemeinsames geschäftliches Dach gezwungenen Brüdern spalten den Clan von nun an in einen „Alsterufer"- und einen „Mittelweg"-Zweig. Während die Familie von Siegmund eine gesellschaftliche Position in der „jüdischen Aristokratie" (Max Warburg) anstrebt, legen die „Mittelweg-Warburgs" stets mehr Wert auf die „Einzelleistung" ihrer Mitglieder.[8] Diese Idee der „Einzelleistung" wird in der so ähnlichen Weltanschauung beider Warburg-Brüder einen zentralen Platz einnehmen.

SELBSTVERSTÄNDLICH beachtet man auch im Hause Moritz Warburg die jüdischen Bräuche. Gekocht wird streng koscher. Die Jungen lernen hebräisch und begleiten ihren Vater, wenn auch sehr ungern und mit stetig abnehmender Regelmäßigkeit, in die Synagoge: „In einem Haus am Mittelweg war in einer Etage ein Raum als Synagoge eingerichtet, sehr hässlich, mit schlechter Luft."[9] Sie können Moritz dabei beobachten, wie er am Samstag auf seine Zigarre verzichtet, weil man am Sabbat erst nach Sonnenuntergang Feuer machen darf. Und sie wachsen mit der Überzeugung auf, dass man andere am eigenen Wohlstand selbstverständlich partizipieren lässt, dass Wohltätigkeit ein integraler Bestandteil des eigenen Lebensstils sein müsse: Schon die Kinder werden angehalten, gemäß dem jüdischen Gebot, ein

Wohnhaus der Familie Moritz Warburg im Mittelweg 17, Ecke Johnsallee

Die Familie Warburg (1895), obere Reihe zweite von links: Franziska Jahns

Zehntel ihrer Ersparnisse für wohltätige Zwecke in die Spardose zu stecken.[10] Moritz hat ein Waisenhaus begründet, unterstützt mit namhaften Beträgen das auf eine Stiftung Salomon Heines zurückgehende Israelitische Krankenhaus sowie die Talmud Tora Schule. Seiner Energie und Großzügigkeit ist auch der Bau der großen, 1906 fertig gestellten Synagoge am Grindelhof zuzuschreiben, zu der auch Felix Warburg größere Summen beisteuert; diese sogenannte „Bornplatzsynagoge" wurde in der Reichspogromnacht 1938 verwüstet und 1939 abgerissen.

UNTER diesem Aspekt ist es ungewöhnlich, dass Charlotte ein christliches Kindermädchen beschäftigt: Franziska Jahns. Sie war in einem Waisenhaus aufgewachsen und offenbar in der Lage, selbst nicht empfangene Zuwendung den Warburg-Kindern in hohem Maße zuteil werden zu lassen. Mit 17 eingestellt, lernt sie sogar etwas hebräisch, um mit den Kindern Gebete sprechen zu können. Wie ein 1895 entstandenes Familienfoto zeigt, ist sie selbstverständlich in den Kreis der Warburgs integriert. „Mit der Zeit", so erinnert sich Max Warburg, „nahm sie gewissermaßen die Stellung einer älteren Schwester bei uns ein, wenn auch ihre Zurückhaltung und Bescheidenheit sie immer als Gouvernante erscheinen ließ. In ihrer liebevollen Weise war sie der gute Geist im Hause, der ausgleichend wirkte, der aber auch seinen Ordnungssinn auf uns zu übertragen verstand. Als wir dann später – sieben verheiratete Kinder sowie einundzwanzig Enkelkinder – im Sommer bei den Eltern auf dem Kösterberg wohnten, lebte Franziska noch und blieb auch hier der unentbehrliche gute Geist."[11] Noch Jahrzehnte nach ihrem Tod erinnert sich Aby an ihren Geburtstag: Franziska Jahns sei eine „protestantische Caritas" gewesen, die der „geldmagnatischen Lebensführung" der Familie das Ideal der Bescheidenheit entgegenhielt, „womit sie bei meiner einfachen seligen Mutter harmonierte".[12]

....

NACH außen hin sind sie ein „Siebengestirn", aber innerhalb der Familie herrscht, wie unter Geschwistern üblich, ein permanenter Konkurrenzdruck. Besonders Aby und Max entwickeln sich sehr unterschiedlich: Während der Ältere mit seinen dunkelbraunen Augen und seiner kleinen, zur Fülligkeit neigenden Statur der Mutter gleicht, kommt der blauäugige, groß gewachsene Max nach dem Vater. Von diesem – der noch in späteren Jahren als lässiger Dandy durchgehen kann – hat er ein gewinnendes Aussehen und, so ist überliefert, einen beträchtlichen Charme geerbt, der ihm schon in jungen Jahren das Leben leichter macht. Schließlich müssen sich beide Brüder, nachdem sie in die Vorschule des Johanneums eingeschult worden waren, in einer Umgebung behaupten, in der sie als Juden zur Minderheit gehören. Aby dagegen gilt als sprunghaft und schwierig. Nachdem er als Kind eine Typhuserkrankung nur knapp überlebt hat, wird er auf Anraten der Ärzte so geschont, dass er tyrannische und cholerische Charakterzüge entwickelt. Er ist jähzornig, aber auch witzig, ein brillanter Schauspieler und Stimmenimitator. Wenig sportlich veranlagt, entwickelt er sich zu einer Leseratte. Und obwohl in den Naturwissenschaften völlig unbegabt, kann er eine Klasse überspringen. Beide Jungen besuchen das – wie für Kaufmannssöhne üblich – Realgymnasium des Johanneums am Steintorplatz. Aby, der sich ja, wie erwähnt, im Alter von dreizehn gegen ein Leben als Bankier entschieden hat, schreibt sich für ein weiteres, ergänzendes Schuljahr auf dem humanistischen Zweig des Johanneums ein. Er nimmt Privatstunden in Griechisch und Latein und besteht 1886 auch das altsprachliche Abitur. Ganz anders Max: „Ich bin immer ein schlechter Schüler gewesen und trug mich keineswegs mit der Absicht, mich dem Abiturientenexamen auszusetzen. Als ich in der Unterprima war, legte ich meinem Vater nahe, mich doch lieber aus der Schule zu nehmen – was habe es für einen Sinn zu studieren, da ich doch in die Firma eintreten werde. Mein Vater aber erklärte, dass seine Söhne eine abgeschlossene Bildung haben müssten. ‚Das hättest Du mir früher sagen müssen', antwortete ich, ‚ich habe in den letzten drei Jahren so gut wie nichts gearbeitet.' Es war die reine Wahrheit; von meinem 16. bis zu meinem 18. Lebensjahr habe ich wirklich viel mehr geflirtet als gelernt. (...) Wie ich zuguterletzt das Examen bestanden habe, ist mir noch heute unbegreiflich."[13] Im gleichen Jahr wie sein älterer Bruder hat auch er es dann geschafft. Berauscht vom eigenen Aufholerfolg, erwägt Max, nun lieber doch Chemie zu studieren – was ihm der geschockte Vater nur müh-

Aby (links außen) im Kreise seiner Mitabiturienten am Johanneum (1886)

sam wieder ausreden kann. Abys Berufsziel dagegen steht fest: Archäologe.

Es ist heute kaum noch nachvollziehbar, welchen tiefgreifenden Schock Abys früher Entschluss, die Leitung des Bankhauses seinem jüngeren Bruder zu überlassen, der gesamten Familie versetzte. Warum diese heftige Reaktion? Kam es nicht öfters vor, dass Söhne sich der Familientradition widersetzten, und konnte man nicht bereits damals sehen, dass sich Max tatsächlich sehr viel mehr für das Bankgeschäft eignete? Ja – und wenn er, wie Großmutter Oppenheim es sich dringlich wünschte, sich für ein Leben als Rabbi entschieden hätte, wäre er mit seinem Entschluss auf Verständnis gestoßen. Als aber auch das vehement abgelehnt wurde, war die gesamte Familie alarmiert: „Die Familie hat alles getan, damit er nicht Kunstgeschichte studierte. Er sollte wenigstens indirekt Geld verdienen. Arzt, Chemiker [werden]. Selbst wenn er nach Frankfurt kam, hat ihn jedes einzelne Mitglied der Familie nochmals bearbeitet: ‚Was willst Du mit Kunstgeschichte?'"[14] Abys Liebe aber gehörte eben jenen Objekten, die für Juden jahrhundertelang tabu gewesen waren, bildlichen Darstellungen. Und sie gehörte geisteswissenschaftlichen Fragestellungen, gehörte der Antike als Epoche, auch Lessings berühmter Schrift „Laokoon oder über die Grenzen der Mahlerey und der Poesie". Wer eine solche Passion zum Beruf machte, wählte nicht nur „Brotlosigkeit", sondern brach auch aus einem jahrhundertealten erfolgreichen System und letztendlich einem schützenden Kokon aus. Seit dem Mittelalter hatten die Berufseinschränkungen für Juden dazu geführt, dass sie sich auf wenige Tätigkeiten konzentrierten – auf das aus dem Geldverleih erwachsene Bankgeschäft, auf die Medizin. Archäologie, überhaupt die Beschäftigung mit Kunstwerken und damit auch Bildern, gehörte keinesfalls dazu.

5 *Chernow, Die Warburgs, S. 46 f.*
6 *Roeck, Warburg, S. 14.*
7 *Chernow, Die Warburgs, S. 33.*
8 *Max Warburg, Erinnerungen von Max Warburg an Aby Warburg, o. D., wohl Dezember 1929 (WIA, III.134.1.6.).*
9 *Ebd.*
10 *Chernow, Die Warburgs, S. 46.*
11 *Max Warburg, Aufzeichnungen, S. 9.*
12 *Tagebuch der K.B.W., 18. Juli 1929: Warburg, Tagebuch, S. 472.*
13 *Max Warburg, Aufzeichnungen, S. 9 f.*
14 *Max Warburg, Erinnerungen von Max Warburg an Aby Warburg, o. D., wohl Dezember 1929 (WIA, III.134.1.6.).*

[3]

Lehr- und Wanderjahre: „Es muss besser werden!“

Beide Söhne verlassen unmittelbar nach Ende der Schulzeit das Haus. Ihre so unterschiedlichen Lehr- und Wanderjahre ergeben in der Rückschau dennoch eine ähnliche Geschichte: Sie erzählt vom Wunsch dazugehören zu dürfen und von der bitteren Erkenntnis, dass dies, allen gesetzlichen Gleichstellungsmaßnahmen zum Trotz, nur partiell, nur momentweise gelingen konnte. Diese Erfahrung wird beider Leben bis ans Ende prägen, und sie wird sowohl Aby als auch Max dazu animieren, auf immer neue und sehr persönliche Weise Wege der Integration zu suchen. In manchen Lebensphasen verlaufen diese Wege parallel, in anderen kreuzen sie sich oder bilden einen gemeinsamen Strang. Ihren Ausgangspunkt aber nehmen sie in jenen Jahren, die die beiden Brüder erstmals fern vom Elternhaus und – teilweise – der schützenden Umgebung jüdischer Netzwerke verbringen.

Aby beginnt an der Rheinischen Friedrich-Wilhelms-Universität Bonn das Studium der Archäologie und Kunstgeschichte. Bonn war seit Mitte des 19. Jahrhunderts Ausbildungsort der preußischen Prinzen und anderer Angehöriger der Aristokratie; es galt als „feudal“. „Hoffentlich“, schreibt Moritz Warburg, „wird unser lieber Aby jetzt den richtigen Weg weitergehen und in kindlicher Liebe so fortleben, wie er es in seinem elterlichen Hause gesehen und gehört hat“.[15] Der Vater hofft vergeblich: Schon zu Beginn seiner Studienzeit trifft der damals zweiundzwanzigjährige Sohn die folgenschwere Entscheidung, nicht weiter koscher zu essen. Bei „Rothschild“, einem ständigen jüdischen Mittagstisch, schmeckt es ihm nicht, und Alternativen sind rar. „Jüdische fromme Familien giebt es nach Dr. Unger 10 hier, von denen jedoch keine einen ständigen Gast versorgen würde.“ Das Thema scheint schon länger Gegenstand intensiver Erörterungen mit den Eltern zu sein, denen der dahinter steckende grundsätzliche Loslösungsprozess ihres Ältesten vom Judentum Angst macht. Aby antwortet seiner Mutter im Januar 1887 ausführlich auf diesbezügliche Einwände: „Was Du mir, liebste Mama, von dem schreibst, was mit dem Andersessen wegfallen würde, so muß ich Dir bemerken, daß Du mir Unrecht thust. Daß ich Jude bin, schäme ich mich ganz und garnicht, sondern suche im Gegenteil den Anderen zu zeigen, daß Vertreter meiner Art wohl geeignet sind, sich nach Maßgabe ihrer Begabung als nützliche Glieder in die Kette der heutigen Cultur- und Staatsentwicklung einzufügen“.[16]

„Einfügen“ ist das Stichwort. Voller Begeisterung taucht Aby ein in die Welt der Studenten – in die Welt der echten Männer.

Er bewegt sich in einem Kreis Hamburger Studenten, die offensichtlich die Gepflogenheiten einer studentischen Verbindung angenommen haben, in der man sich mit „Lieber Leibfuchs" anredet.[17] Ein Gruppenfoto aus dem Wintersemester 1887/88 zeigt ihn in dieser Gruppe, zu der unter anderem Johannes Sieveking, Georg Melchior (der ältere Bruder des Juristen Carl Melchior, der 1902 in die Warburg-Bank eintreten und 1911 ihr Generalbevollmächtigter werden sollte), John Hertz, Wilhelm Kiesselbach, Paul Ruben gehörten; auch Harry Graf Kessler schließt sich „dem Kreis" zeitweise an. Das Besondere: Im Hamburger Kreis spielt, anders als sonst in Studentenverbindungen, die Konfession keine erkennbare Rolle – seine Mitglieder entstammen sowohl jüdischen als auch konservativ-protestantischen Elternhausern. „Hamburg und die Herkunft aus der Oberschicht der Stadt fungierte als gemeinsamer Nenner des Miteinanders, der einen gefährlichen, feindseligen Antisemitismus nicht aufkommen ließ."[18]„14. Mai: Bier, Sekt (Stiftungsfest), Bowle", notiert er im Tagebuch. „15. Mai: Katerstimmung."[19] Der Wein fließt in Strömen, Wurstwaren und Butter werden von der Mutter, Zigarren in Hunderter-Gebinden vom Vater nach Bonn geschickt und zügig konsumiert. Gründlich studiert man die Lokale in Bonn und der näheren Umgebung. Noch heute wirkt das Vergnügen Abys bei der Schilderung von Ausflügen auf den Petersberg, nach „Altenaar" [Altenahr, KM], nach Beuel zum Billardspielen ansteckend. Seine Formulierungskunst ist schon damals ausgeprägt. Besonders imponiert dem Hamburger der rheinische Karneval: „Den Carneval habe ich gründlich mitgemacht", schreibt er seiner Mutter Ende Februar 1887. „Was das heißt, davon macht man sich im schwerblütigen Norden überhaupt keine Vorstellung. Wenn so ein braver Hamburger Philister, im wohligen Gefühl seiner polizeilich beglaubigten Tugendhaftigkeit, plötzlich hier in den Carnevalsstrudel versetzt würde, ihm schlügen die Haare über dem Kopf zusammen und seine Hände stünden ihm zu Berge (…). Sonntag waren wir … in Köln und zwar als 5 Schornsteinfeger, die zusammen an einer zusammenlegbaren Leiter herumschleppten und exercierten; wir sahen sehr komisch aus: ganz schwarz, bis über den Kopf durch die Kapuze verhüllt, nach der Größe sortiert, … mit weißen Glaces und Halbmaske".[20] Auf der anderen Seite wird den Eltern immer schmerzlicher bewusst, wie sehr sich ihr ältester Sohn immer mehr vom Judentum entfernt: Als die Eltern anfragen, ob er zum Laubhüttenfest nach Hause kommen werde, lehnt er ab.[21] Die Mutter gibt nicht so schnell auf und hält ihm vor, dass der Vater sich noch nicht damit abgefunden habe, bei seinen Söhnen *alles* verloren zu sehen, woran sein Herz hänge: „Er hat Dir – für seine Grundsätze – schon weitgehende Concessionen gemacht und wird, wie ich voraussehe, auch bei Max und Paul stellenweise nachzugeben sich gewöhnen müssen. Während ich mehr mit den Verhältnissen rechne, die Umstände und Persönlichkeiten in Betracht ziehe, vollzieht sich bei Papa nur unter wahrhaftem Kummer und vielfachen Aufregungen alles, was in dieser Beziehung nachgeben heißt."[22] Aby lässt sich nicht erweichen – sein Weg wird aus dem Judentum hinausführen. Immerhin – die Ferien verbringt man gemeinsam in Ostende.

Während Aby das Studentenleben in vollen Zügen genießt und gleichzeitig immer glücklicher wird mit der Wahl seiner beiden

Fächer Kunstgeschichte und Archäologie, überlegt Max, ob ein Bankier nicht „der Menschheit nützen kann, ohne sie auszupumpen, ob er nicht den Vorteil der Welt auch zu seinem Vorteil machen kann".[23] Was aus heutiger Sicht wie ein naiv-romantischer Jugendtraum klingt, wird sich zu einem Lebensthema entwickeln. Max Warburg hört lebenslang nicht auf, über die Frage nachzudenken, wie er das Gemeinwohl nach Kräften befördern könne, und er findet seine ganz persönliche Antwort auf diese Frage. Zunächst aber erlernt er das Bankgeschäft von der Pike auf. Zwei Jahre lang, während derer er bei den Großeltern Oppenheim wohnte, geht er beim Frankfurter Bankhaus J. Dreyfus & Co. in die Lehre.[24] Danach folgt die erste Auslandsstation: Sechs Monate arbeitete er beim Bankhaus Wertheim & Gompertz in Amsterdam. „In dieser Stellung hatte ich meinen ersten geschäftlichen Erfolg: ich konnte der Firma M. M. Warburg & Co. die Korrespondentenstellung der Niederländischen Bank im Ausland sichern", erinnert sich Max. „Im übrigen gewährte mir Holland die Gelegenheit, die Kunstgalerien gründlich kennen zu lernen. Nie mehr habe ich ein Museum so aufmerksam studiert wie das Rijksmuseum und das Mauritshuis."[25]

Im Oktober 1888 aber beginnt ein anderes Leben: Max tritt voller Begeisterung seinen Militärdienst an – freiwillig, denn er ist auf dem linken Ohr fast taub, was er verheimlichte. Er wählt das III. Bayerische Chevauxleger-Regiment in München: Warum ausgerechnet München? Max strebt den Rang eines Reserveoffiziers an. Das Reserveoffizierspatent stellt im deutschen Kaiserreich ein wichtiges Statussymbol dar. Es ist die „Eintrittskarte in die militärische und adlige Welt der deutschen Führungsschichten" und Ausweis der Elitezugehörigkeit.[26] Voraussetzung ist zunächst, dass man sich als Einjährig-Freiwilliger meldet, sein Militärjahr selbst finanziert und sich im Manöver bewährt. Danach kann man durch Zuwahl in den Kreis der Offiziere aufgenommen werden. Juden bleibt dies jedoch in der Regel verwehrt. Trotz aller Proteste des Central-Vereins deutscher Staatsbürger jüdischen Glaubens vor dem Reichstag und immer wieder aufflammender öffentlicher Diskussionen existiert die militärisch-gesellschaftliche Diskriminierung im deutschen Kaiserreich fort. Nur in Bayern hatte es ganz vereinzelte Ausnahmefälle gegeben. Max fühlt sich ausgesprochen wohl in seinem Kavallerie-Regiment. Er lebt auf großem Fuß, „gibt ein Schweinegeld aus", wie sein jüngerer Bruder Fritz kolportiert,[27] und identifiziert sich völlig mit der von Disziplin und Corpsgeist geprägten Welt. Wie sein Bruder Aby im Kreis der Studenten, erlebt er hier zum ersten Mal, dass die Leistung des Einzelnen, nicht die Zugehörigkeit zu einer Religionsgemeinschaft oder gar Rasse, zählt. Nach einem Jahr ist er Vizefeldwebel und – als einer von dreien unter siebzehn „Einjährigen" – Offiziersaspirant. Er entwickelt starke patriotische Gefühle, will, wie viele Juden damals, vor allem ein guter Deutscher sein. In einem sechzehn Seiten langen Brief legt der Zweiundzwanzigjährige dem Vater einen neuen Lebensplan dar: Er will Berufsoffizier werden. Die Firma, die Familientradition, das „gemachte Nest" treten in den Hintergrund gegenüber der tiefen Sehnsucht nach Akzeptanz. Vater Moritz ist entsetzt. Er antwortet kurz, aber prägnant und den Sohn mit einem einzigen Wort an seine Wurzeln und die gesellschaftliche Realität erinnernd: „Mein lieber Max, meschugge.

Max bei der Kavallerie (1888 oder 1889)

Dein Dich liebender Vater.[28] Moritz sollte recht behalten: Max wird gegen den (nichtjüdischen) Enkel eines Ministers mit gleichen Ambitionen ausgetauscht. Der Traum von der Karriere beim Militär ist ausgeträumt. In seinen Lebenserinnerungen überspielt er seine Verletztheit mit zwei dürren Sätzen: „Eine Anwandlung, die aktive Offizierskarriere einzuschlagen, wies mein Vater rundweg ab. Ich lernte bald einsehen, wie recht er damit hatte."[29] Moritz aktiviert seine internationalen Verbindungen und lenkt die Schritte des Sohnes auf vertrautes, internationales Territorium zurück: Er verschafft ihm für das Jahr 1890 eine Beschäftigung als Sekretär bei der Banque Impériale Ottomane in Paris.

Es kann kein Zufall sein, dass Aby zur gleichen Zeit sehr ähnliche Erfahrungen macht. Zuvor aber geht er mit einer neunköpfigen Studentengruppe unter Anleitung des Breslauer Ordinarius August Schmarsow für zwei Monate nach Florenz. Aus Schmarsows im Palazzo Ferroni und in seiner Wohnung abgehaltenen Lehrveranstaltungen erwächst das bis heute bestehende renommierte Kunsthistorische Institut in Florenz. 1897 wird es in der Privatwohnung des Leipziger Professors Heinrich Brockhaus, den man zum ersten Direktor ernannt hatte, eröffnet. Aby führt in Florenz Ende 1888 den Vater eines Bonner Kommilitonen, den angesehenen Hamburger Kaufmann und Senator Adolph Ferdinand Hertz und dessen Tochter Mary durch die Uffizien. Aby und Mary finden sich mehr als sympathisch – und beginnen einen intensiven Briefwechsel. Zum Wintersemester 1889/90 wechselt Aby an die Universität Straßburg. Sie war nach dem Deutsch-Französischen Krieg und der Annexion Elsass-Lothringens durch das Deutsche Reich 1872 als „Kaiser-Wilhelm-Universität" neu gegründet worden mit dem erklärten politischen Ziel, ein „Bollwerk des deutschen Geistes" zu errichten – galt dennoch als modern und vergleichsweise liberal.[30] Hier in Straßburg wird er offenbar zum ersten Mal mit offenem Antisemitismus konfrontiert. Mehrmals am Tag hört er, wie er der Mutter in einem Brief vom 25. November 1889 berichtet, auf der Straße hinter seinem Rücken: „Desch ischt e Jud", was ihm schmerzlich bewußt macht, dass sein Aussehen „einen sehr ausgesprochen orientalischen Anstrich" haben muss. Die Folge sei, dass man sich „ganz mit sich selbst auseinanderzusetzen" habe. „Dabei wird man freilich nicht lebensfreudiger." Denn, so konstatiert er in kluger Selbstbeobachtung: „Mich beherrscht doch noch immer dieser – eigentlich jämmerliche – Wunsch, unter stillschweigender Anerkennung aller Menschen mit denen ich zu thun habe, meine Wege (in ehrlicher Arbeit, wie ich weiß) zu gehen. Finde ich doch nun auf Schritt und Tritt, daß unser mit Recht so beliebtes deutsches Volk sich, mit obrigkeitlicher Erlaubnis jetzt so recht darin gefällt, jeden Juden zuerst einmal als einen fremden Eindringling von zweifelhaften Manieren anzusehen, so bin ich deprimiert. (…) Die Verhandlungen in der Commission des Reichstags sind auch nicht erfreulich: Mag immerhin keine offizielle Bestimmung bestehen, daß Juden nicht zu Reserveoffizieren gemacht werden: man hat doch alles eher als den guten Willen, den Einzelnen anzuerkennen; nur das wäre doch wirklich der einzige Weg, praktisch ein gesellschaftliches Durchdringen anzubahnen: man merkt doch an allem, daß man es mit Parvenus des Nationalgefühls zu thun hat, die sich ihrer selbst noch nicht sicher sind: ‚Es muß besser werden!'"[31]

Es berührt auch heute noch, wie offen der dreiundzwanzigjährige Aby seiner Mutter das Herz ausschüttet. Er fühlt sich ausgegrenzt. Wie hat es der 1922 ermordete Walther Rathenau formuliert: „In den Jugendjahren eines jeden deutschen Juden gibt es einen schmerzlichen Augenblick, an den er sich zeitlebens erinnert: wenn ihm zum ersten Male voll bewußt wird, daß er als Bürger zweiter Klasse in die Welt getreten ist und keine Tüchtigkeit und kein Verdienst ihn aus dieser Lage befreien kann."[32] Es ist, vor allem im Rückblick, eine tragische Situation. Aby wird daraus, wie wir noch sehen werden, sein Lebensthema entwickeln: „Mir kommt oft der Gedanke, mich später praktisch der Lösung der Judenfrage zuzuwenden: hat man das Recht, sich vom Leben fernzuhalten?" Der Vater antwortet mit dem Hinweis, glücklicherweise gäbe es „hier bei uns in Hamburg keinen Boden für derartige Gemeinheiten".[33]

Charlotte Schoell-Glass hat beschrieben, wie hinter allen professionellen und kulturpolitischen Aktivitäten Abys dieser eine Gedanke als roter Faden immer wieder aufblitzt: die „Judenfrage". Zu ihrer Lösung wird Aby ein ganzes wissenschaftliches Gebäude errichten, an dessen Fassaden die Worte „Nachleben der Antike" und „Mnemosyne" zu lesen sind; im Inneren aber wird er mit großer Intensität versuchen, den Keim zu einer neuen Geisteshaltung zu entwickeln. Es wird ihm dabei nicht nur um das eigene Ich, um eine Suche nach der eigenen Identität, sondern um eine allgemeine, gesellschaftliche Perspektive gehen. Sein Interesse gilt der – an keine historische Epoche gebundene – Frage, wie man primitiven Instinkten eine zivilisatorische Kraft entgegensetzen kann, die diese im Zaum hält. Die Metapher vom „Denkraum der Besonnenheit" wird eine seiner Antworten auf diese Frage sein. Zunächst aber schließt Aby in Straßburg bei Hubert Janitschek seine Ausbildung ab. Seine 1892 eingereichte Dissertation befasst sich mit Botticellis berühmten Gemälden „Die Geburt der Venus" und „Frühling". Sie gelten ihm als Kardinalbeispiele für die neue Erkenntnis, dass die Künstler der Renaissance bei ihrer Wiederbelebung der Antike nicht etwa nach „edler Einfalt und stiller Größe", sondern im Gegenteil nach heftigen Emotionen gesucht haben. Die Frage, welche Aspekte der Antike ausgewählt werden, wenn man sie Jahrhunderte später zitiert und variiert, wird zum Kernthema seiner wissenschaftlichen Arbeit werden.

Doch noch ein zweiter Aspekt verleiht dieser frühen Studie Warburgs historische Bedeutung: Während der Arbeit macht er, auf den Spuren Jacob Burckhardts, die Entdeckung, dass er weiter kommt in der Interpretation von Kunstwerken, wenn er die Umstände ihrer Entstehung genau kennt. Aby ist Hamburger, ist Kaufmannssohn. Der Sinn fürs Praktische, für die Realien des Lebens ist ihm in die Wiege gelegt. Mit diesem Sinn erkennt er, dass Kunst nicht der Gegensatz zum Alltag, nicht eine an die Würdeformel des Museums gebundene Ausnahmeerscheinung ist. Dass er ausgerechnet in Florenz zu dieser Überzeugung kommt, ist kein Zufall: Die Stadt war, ganz ähnlich wie die Freie und Hansestadt Hamburg, die meiste Zeit ihrer Geschichte eine Stadtrepublik. Kaufleute wie die Medici hatten große Vermögen gemacht, und sie investierten großzügig in Bauten, Gemälde und Skulpturen. Reine Repräsentation ist allerdings nicht ihre Sache. Auch die Investition in Kunst muss irgendwie gewinnbringend sein. Diese neue, aus einer spezifisch hanseatischen Disposition entwickelte Fragestellung bringt Aby zu einem entscheidenden neuen Ansatz: „Was hat die Kunst mit dem wirklichen Leben zu tun?" wird von nun an die Frage sein, die ihn umtreibt. Anstatt sich auf Künstlerviten und Museumskataloge zu beschränken, untersucht er die Rechnungsbücher, Medizinschriften, Beschreibungen von Theateraufführungen und Umzügen sowie Horoskope der Zeit. Und er wird damit überwältigende Forschungserfolge erzielen.

Öfters war es in den letzten Jahren zu

Besuchen Abys bei der Familie von Mary Hertz in der Ernst Merck-Str. 28 gekommen. Die zahlreichen Briefe, die seit ihrem ersten Kennenlernen gewechselt wurden, geben Aufschluss über eine sich stetig intensivierende Liebe, die auch vom geistigen Austausch lebte. Selbst künstlerisch tätig, nimmt Mary intensiv teil an seiner Arbeit, fühlt sich sogar für seine Karriere verantwortlich. Am 26. September 1892 verloben sich beide heimlich, und die damals sechsundzwanzigjährige Mary berichtet Aby kurze Zeit darauf, dass sie seinen Ring immer trüge – aber aufpassen müsse, dass ihn niemand sähe. Beide leiden unter der vorläufigen Aussichtslosigkeit dieser Beziehung, was Abys Gemüt eher verdunkelt. Immer wieder zögert er, einmal löst er die Verlobung sogar wieder. Mary aber gibt mit dem Hinweis auf ihr unbeirrbares Gottvertrauen und ihre Geduld immer aufs Neue die Richtung an.[34] Für die Väter der beiden, vor allem aber für Moritz Warburg, kommt eine Legalisierung gar nicht in Frage – niemand aus der Familie Warburg hatte bisher einen Nicht-Juden oder eine Nicht-Jüdin geheiratet. Anders verhält es sich mit Marys Familie, die eigentlich ebenfalls jüdischen Ursprungs ist. Marys als Überseekaufmann und Reeder überaus erfolgreicher Großvater Adolph Jacob Hertz hatte sich 1822 lutherisch taufen lassen:[35] ein Umstand, der aber jetzt nicht als Argument in die Waagschale geworfen werden kann. Im Gegenteil unternimmt man offenbar alles, um die einmal errungene gesellschaftliche Position als geachtetes Mitglied des hanseatischen Bürgertums nicht wieder zu gefährden. Marys Vater Adolph Ferdinand war seit 1872 Senator und bekleidete zahlreiche Ehrenämter und Positionen – unter anderem war er Präses der Commerzdeputation, Handelsrichter, Mitglied der Seemannskasse, der Auswandererdeputation und der Bürgerschaft.

DASS Aby nach der Promotion zunächst einmal in Berlin beginnt, Medizin zu studieren (mit Schwerpunkt Psychologie), mag eine Konzession an die Familie sein. Aber dieses Studium ist nur ein Intermezzo. Im November 1892 erreicht ihn der Einberufungsbefehl. Aby leistet seinen Militärdienst als „Einjähriger“ nicht in Bayern, sondern beim 1. Badischen Feldartillerieregiment Nr. 14 in Karlsruhe ab. Eine Flut ausgesprochen unterhaltsamer, vor allem an die „Liebe Mutting“ gerichteter Briefe erreicht die Familie in Hamburg, die ausführlich von den Qualen und Mühen eines jungen Intellektuellen berichten, der plötzlich körperlich gefordert ist. Vor allem das Reiten bereitet dem nur 1,60 Meter großen Aby gewaltige Probleme; mit seinen kurzen „Stengeln“ kommt er kaum aufs Pferd und fällt an den ersten beiden Tagen sechsmal herunter; Mitteilungen an die Eltern unterschreibt er mit „Kurzbein“.[36] Den Unteroffizieren hält er Vorträge über Kunstgeschichte, die ihm dafür den Dienst erleichtern.[37] Wie Max genießt aber auch Aby letztlich das Aufgehen in einer Welt, in der das tägliche Leben von männlicher Disziplin geprägt ist. Auch er wird – obwohl gegen Widerstände, die auch antisemitische Untertöne tragen – zum Unteroffizier befördert; vom Reserveoffizier aber kann gar keine Rede sein. Am 1. November 1893 wird er entlassen, und wie bei seinem jüngeren Bruder schließt sich eine längere Periode im Ausland an. Sie sollte, mit Unterbrechungen, rund zehn Jahre dauern.

MAX genießt seine Wanderjahre. Zwei aufschlussreiche Anekdoten aus jener Zeit charakterisieren seine damaligen Lebensum-

Aby (rechts) beim Militärdienst (1892 oder 1893)

stände, aber auch seinen Status als Kronprinz auf das Schönste. Sie sind zu Familienlegenden geworden. Die erste ähnelt einer Opernszene aus „La Bohème“: Vater Moritz lässt ihm, was die Höhe des Budgets für den eigenen Lebensunterhalt betrifft, im Prinzip freie Hand. „Allmonatlich aber gab ich bei weitem mehr aus als ich erhalten hatte. Ich schämte mich dann, nochmals zur Bank zu gehen. Ich hatte eine zweite Wohnung im Quartier Latin, zusammen mit dem mit mir befreundeten Maler Horsfall. Dort lebte ich also während der Tage der Leere sehr einfach – aber darum nicht weniger glücklich –, bis am Ende des Monats mein Budget wieder ausgeglichen war. Daraufhin kehrte ich prompt in die üppige Wohnung Rue de Téhéran zurück, wo mich der übers ganze Gesicht strahlende Diener wie den verlorenen Sohn bewillkommnete.“[38] Im folgenden Jahr volontiert Max bei N. M. Rothschild & Sons in London. Fast jedes Wochenende aber reist er, seinem Ruf als Womanizer alle Ehre machend, nach Paris, um am Montagmittag wieder bei Rothschilds zu erscheinen. Hiervon handelt die zweite Geschichte: „Ein Hamburger Freund berichtete meinem Vater, er habe mich in

Bankhaus M. M. Warburg & Co. in der Ferdinandstraße 75

Paris getroffen, vorzüglich aussehend und in glänzender Laune. Mein Vater schüttelte den Kopf: ‚Das muß ein Doppelgänger gewesen sein, denn mein Sohn ist in London.' Der andere aber war von seiner Behauptung nicht abzubringen und wettete schließlich mit meinem Vater um zwanzig Mark. Der Vater forderte mich auf, ihm eine Bestätigung zu schicken, damit er seine zwanzig Mark einkassieren könne. Mir blieb nichts übrig, als ihm zu schreiben, daß ich ‚zur Erledigung dringender Angelegenheiten' an dem betreffenden Tage in Paris gewesen war. Seine Antwort ließ nicht auf sich warten: ‚Ich überlasse es Dir, ob Du in London oder in Hamburg leben willst; tertium non datur.'" Eine dritte Möglichkeit gab es nicht – Max gewöhnte sich in London ein. Krönender Abschluss der Ausbildung sollte eine Weltreise sein, die Max zusammen mit seinem Freund Paul Kohn-Speyer unternehmen wollte. Die beiden kannten sich aus London, wo Kohn-Speyer Seniorteilhaber der Firma Brandeis, Goldschmidt & Co., eines bedeutenden Metallhandelshauses, war. Mitten aus den Vorbereitungen heraus muss die Reise jedoch abgesagt werden: Der Vater braucht dringend Unterstützung in der Bank. 1892 kehrt Max nach Hamburg zurück, um endgültig ins das Geschäft einzutreten. Und Bruder Paul geht an seiner Stelle auf Weltreise.

15 *Zitiert nach: Roeck, Warburg, S. 22.*
16 *Beides zitiert nach: Schoell-Glass, Warburg, S. 235 f., vgl. auch ebd., S. 53 ff.*
17 *Vgl. Biester, Beruf, vor allem S. 56 ff.*
18 *Ebd., S. 58.*
19 *Zitiert nach: Roeck, Warburg, S.37.*
20 *Vgl. ebd., S. 28 ff.*
21 *Ebd., S. 58.*
22 *Zitiert nach: Ebd.*
23 *Zitiert nach: Hoffmann, Warburg, S. 24.*
24 *1939 wurde J. Dreyfus & Co. durch das Bankhaus Merck Finck & Co. „arisiert"; das Baseler Stammhaus der Firma besteht noch heute unter „Dreyfus Söhne & Cie. Aktiengesellschaft, Banquiers".*
25 *Warburg, Aufzeichnungen, S. 11.*
26 *Hoffmann, Warburg, S. 26.*
27 *Ebd.*
28 *Zitiert nach: Chernow, Die Warburgs, S. 60.*
29 *Warburg, Aufzeichnungen, S. 11.*
30 *Roeck, Warburg, S. 66.*
31 *Zitiert nach: Schoell-Glass, Warburg, S. 254 f.*
32 *Rathenau, Staat, S. 188 f.*
33 *Zitiert nach: Chernow, Die Warburgs, S. 90.*
34 *Roeck, Warburg, S. 31; Mary Hertz an Aby Warburg. 26. August 1892: WIA, FC.*
35 *Hertz, Hertz, S. 708 f.*
36 *Vgl. Roeck, Warburg, S. 81 ff.*
37 *Max Warburg, Erinnerungen von Max Warburg an Aby Warburg, o. D., wohl Dezember 1929 (WIA, III.134.1.6.).*
38 *Warburg, Aufzeichnungen, S. 12 f.*

Max als junger Teilhaber der Bank

[4]

Wie man sich in Hamburg eine Existenz aufbaut

Zwei Krisen hat Max gleich zu Beginn seiner Tätigkeit als Prokurist in der Firma zu bewältigen: Die in St. Petersburg ansässige Bank der Familie de Günzburg – über seinen Onkel Siegmund mit ihnen verwandt – ist in Schwierigkeiten geraten. Der risikobereite Junior gewinnt seinen vorsichtigeren Vater und andere Finanziers dafür, das Haus zu stützen. Die Sache geht gut aus – Jahre später wird das Darlehen zurückgezahlt. Die Aktion verschafft ihm in der Finanzwelt einen exzellenten Ruf. Dann bricht im August 1892 in Hamburg die Cholera aus. Während in Altona durch das Sandfiltrierwerk auf dem Kösterberg das Trinkwasser sauber und die Bevölkerung praktisch verschont bleibt, sterben in der Hansestadt etwa 8.000 Menschen. Pausenlos fahren Wagen mit Särgen durch die Straßen, die Angestellten erhalten zunächst pro Kopf und Tag zwei Flaschen Hennessy Cognac, den sie statt des verunreinigten Trinkwassers zu sich nehmen. Ein paar Tage später dürfen sie ganz zu Hause bleiben. Der Hafen ist gesperrt. Unterstützt durch zwei Freiwillige arbeitet Max von morgens sieben bis Mitternacht im Geschäft: „Ich hatte das sichere Gefühl, immun zu sein."[39] – 1893 kommt Bruder Paul von der Weltreise zurück und wird ebenfalls Prokurist, während Max zum Teilhaber aufrückt. In den folgenden Jahren arbeitet er ununterbrochen. Er will die Bank nach oben bringen, und er will in der hanseatischen Gesellschaft eine Rolle spielen.

Zunächst geht auch er 1896, völlig überarbeitet, auf eine lange Reise nach Übersee; sein Ziel ist Afrika. Er trifft den Präsidenten der Südafrikanischen Republik Paul (Ohm) Krueger und besichtigt in Swasiland Zinnminen. Bei der Heimkehr gibt es eine angenehme Überraschung: Auf Ausritten hatte Max in einer Gegend, in der die Hamburger Familien schon lange ihre Sommersitze haben – in Blankenese –, ein zauberhaftes Grundstück entdeckt: wenn, dann dieses! Vater Moritz ist grundsätzlich bereit. Aber der geforderte Preis erscheint ihm viel zu hoch. Als einige Jahre später der damalige Besitzer seine Frau mit einem Liebhaber dort in flagranti erwischt, gibt er den alten Sommersitz günstig ab. 1896 erwirbt Moritz Warburg den „Kösterberg" – vor allem, um im Sommer seine inzwischen weit verstreute Familie dort um sich zu scharen. Die Rechnung wird aufgehen. Und Max hat endlich sein Landhaus. Als man ihm mit 30 Jahren jedoch die Möglichkeit bietet, in den Senat einzutreten, rät Moritz traurig ab, das sei nichts für Juden, so seine Reaktion, man würde Max nicht als ebenbürtig ansehen.[40]

Familie Warburg auf dem Kösterberg

Was tun nach abgeschlossener Dissertation? Die Frage kann damals so ratlos machen wie heute. Aby ergreift im September 1895 die Gelegenheit, die Welt jenseits der europäischen Kultur kennenzulernen. Er reist zur Hochzeit seines Bruders Paul mit Nina Loeb nach New York – ihr aus Deutschland stammender Vater Salomon Loeb ist ein schwerreicher Geschäftsmann und Bankier. Nachdem er den gesellschaftlichen Teil hinter sich gebracht hat, fährt er nach Washington weiter, besucht dort die Smithsonian Institution und bricht dann in den Westen auf, um die Rituale der Pueblo-Indianer zu studieren. Aus akademisch-kunsthistorischer Perspektive ist diese Reise eine höchst originelle Idee, ein ungeheurer Schritt heraus aus dem eng begrenzten Territorium der europäischen „Hochkultur". In dem Milieu aber, in dem Aby aufgewachsen ist, ist es völlig normal, sich bei außereuropäischen Handelspartnern den Wind um die Nase wehen zu lassen. Der Aufenthalt in Übersee, in Südamerika oder Asien gehört bis heute ganz selbstverständlich zur Ausbildung hanseatischer Kaufmannssöhne. Eine ständige wachsende ethnografische Sammlung bildet seit der Mitte des 19. Jahrhunderts die weitreichenden Handelsbeziehungen Hamburgs auch auf der Objektebene ab. Diese Sammlung ist unter dem Namen „Culturhistorisches Museum" 1871–1878 in jenem Gymnasium untergebracht, das Aby zur gleichen Zeit besucht.

Abys Forschungsergebnisse sind unter der Überschrift „Schlangenritual" inzwischen vielfach publiziert und kommentiert worden. Nach seiner Rückkehr hält er im Lauf des Jahres 1897 zwei Vorträge in Hamburg und einen in Berlin über „Eine Reise durch das Gebiet der Pueblo-Indianer in Neu-Mexiko und Arizona", einen in der Gesellschaft zur Förderung der Amateur-Photographie, den zweiten im Amerikanistenclub.

Danach zieht es Aby erst einmal zurück nach Florenz, wo er die Archive kennt, wo er seine Forschungen fortsetzen und ausweiten kann, wo er die Sprache inzwischen ziemlich gut beherrscht und wo er – klein und dunkel – überhaupt nicht auffällt. Er ist stolz, wenn man ihn für einen Italiener hält und lebt, wie einst mit Max ausgemacht, von den regelmäßig aus Hamburg eintreffenden Wechseln, deren Höhe immer mal wieder mit dem Vater verhandelt werden muss. Aby sei rücksichtslos und immer zu üppig gewesen, so Bruder Max in der Rückschau, vor allem in Bücherankäufen, er habe aus dem Vater immer größere Summen herausgepresst.[41] Für Literatur – auch kostbare Quellenwerke – gibt Aby so viel Geld aus, dass die Familie verständnislos den Kopf schüttelt und sich fragt, ob er das alles läse – aber darauf kommt es nicht an: Die Bücher sind nicht mehr nur Arbeitsmaterial, sondern sie bilden einen Organismus eigener Art. Doch obwohl man Abys Leidenschaft nicht teilt und nicht recht versteht, nimmt die Familie – vor allem Bruder Max – an allem Anteil. In den gemeinsamen Sommerferien erläutert Aby ihm seine Projekte.

Im April 1897 trifft endlich der ersehnte Brief ein: Marys Bruder John kann berichten, sein Vater sei mit der Verbindung einverstanden unter der Bedingung, dass beide Parteien ihre Religionszugehörigkeit behielten.[42] Mary war inzwischen gelegentlich bei den Geschwistern Abys eingeladen gewesen; wenn bei einer solchen Gelegenheit aber Vater Moritz unerwartet das Haus betrat, musste sie sich vor ihm verstecken. Nicht nur in Fragen der Religion, sondern auch in der Mentalität stellt man Unterschiede zwischen beiden Familien fest, so Max: „Das Elternhaus Hertz war puritanisch, der einzige Luxus die rote Weinflasche. Alle Gänge kamen auf einmal auf den Tisch, aus Angst vor der Indiskretion der Dienstboten. Es war das, was wir ungemütlich nennen als Stil."[43] – Nun findet zunächst die offizielle Verlobung und im Oktober 1897 – nach

Aby in Adirondack (1895)

neun konfliktreichen Jahren – die Hochzeit statt. Die Trauung erfolgt auf dem Landhaus der Familie Hertz außerhalb Hamburgs statt, die Eltern des Bräutigams bleiben ihr fern – sie treffen das junge Paar aber unmittelbar danach in Wiesbaden, wohin sie sich zu einem Kuraufenthalt begeben hatten. Max Warburg erinnert sich an diese Zeit als eine „zweite schwere Auseinandersetzung" Abys mit seinem Vater: „Mein Vater betrachtete eine Mischehe als ein Unglück und so musste die Heirat gegen seinen Willen stattfinden. Die Eltern wohnten der Hochzeit nicht bei. Die Aufregung in Hamburg war natürlich eine grosse, nur wir Geschwister Paul, Nina [die Schwägerin, KM], Olga und ich waren als Vertreter der Familie bei Senator Hertz und Frau. Kurz nach der Hochzeit

Humiskatchina-Tanz in Oraibi (1895)

söhnten sich die Eltern dank des mildernden Einflusses der Mutter mit Aby wieder aus und die Schwiegertochter Mary wurde von da an wie nur irgendeine Tochter von den Eltern verehrt und geliebt."[44]

Am 25. Dezember 1897 verlobt sich auch Max – mit der sechs Jahre jüngeren Alice Magnus. Sie ist eine Freundin der Familie, speziell seiner Schwester Olga. Vater Moritz wird erleichtert gewesen sein, denn während sein ältester Sohn mit den Familientraditionen bricht, verbleibt Max wenigstens äußerlich in dem Rahmen, den ihm seine Herkunft vorgezeichnet hat. Alice ist Jüdin. Ihr Vater, ein Pelzhändler, war früh gestorben. Zurückgeblieben waren seine aus Russland stammende Frau Lola und neun Kinder. Die Familie war verwandt mit Pius Warburg in Altona, dem Erben des Altonaer Bankhauses W. S. Warburg. Pius spielte im politischen und gesellschaftlichen Leben Altonas eine große Rolle. Er führte ein großes Haus an der Palmaille, wo unter anderem Johannes Brahms und Hans Christian Andersen zu Gast waren, er war Mäzen und ein engagierter Kunstsammler. Mit Anfang zwanzig geht Alice für drei Jahre zu ihrer Tante, der Opernsängerin Helene von Hornbostel, nach Wien. Sie besucht Mal- und Zeichenklassen (später wird man ihre Porträtkunst rühmen) und taucht ein in das so viel glanzvollere Leben der vom kaiserlichen Hof geprägten Metropole. Obwohl eigentlich alles passt, erregt die Verbindung doch einiges Erstaunen, denn Alice ist mittellos. Während Max' jüngerer Bruder mit der New Yorkerin Nina Loeb in den internationalen Geldadel eingeheiratet hatte, wählte Max die sprichwörtliche „arme Verwandte", die zudem seiner charmanten Leichtlebigkeit ein streng-betuliches, diszipliniertes Wesen entgegensetzt. Die Liebe eben – am Tag nach der Verlobung schreibt er Alice einen Brief, der mit den Worten „Für immer Dein Dein Dein Max" schließt.[45] Drei Monate später wird im Hotel „Königlicher Hof" in der Altonaer Bahnhofstraße eine überaus glanzvolle Hochzeit gefeiert: Ein zehngängiges Menü, begleitet von sieben Weinen, offeriert von Kaviar bis Foie Gras alles, was gut und teuer ist. Die Hochzeitsreise führt das junge Paar, das in Paris standesgemäß im „Ritz" absteigt, bis nach Sizilien. Nach ihrer Rückkehr beziehen Max und Alice (im Familienkreis „Malice" genannt) zunächst ein kleineres Haus nicht weit vom Mittelweg entfernt, in der Magdalenenstraße 68. Alice entwickelt gesellschaftlichen Ehrgeiz, ihre Dîners sind legendär. 1898 wird das hundertjährige Bestehen von M. M. Warburg & Co. gefeiert. Zum Jubiläum gründet die Firma für ihre 53 Angestellten einen Sozialfonds.

Noch von Florenz aus macht sich Aby 1899 in Hamburg einen Namen mit Veranstaltungen im Rahmen des breitgefächerten „Allgemeinen Vorlesungswesens": Aus dem „Akademischen Gymnasium" erwachsen und seit 1837 offiziell benannt, hatte sich mit dem „Vorlesungswesen" eine vor-universitäre Einrichtung etabliert. Es umfasste verschiedene wissenschaftliche Institute wie den Botanischen Garten, die Sternwarte, das Chemische Staatslaboratorium, das Physikalische Staatslaboratorium, das Laboratorium für Warenkunde, das Institut für Schiffs- und Tropenkrankheiten; 1908 wird das Kolonialinstitut hinzukommen. Die Direktoren dieser Einrichtungen waren zu öffentlichen Vorlesungen verpflichtet. Zusammen mit den für das „Vorlesungswesen" berufenen Dozenten bildeten sie einen

Moritz Warburg und seine vier Söhne Paul (links), Aby und Max, darüber Felix

Aby und Mary (1897)

Aby und Mary in Florenz (ca. 1900)

„Professorenkonvent". Der lockere Verbund bot nicht nur Laien, sondern auch speziellen Berufskreisen wie unter anderem Pharmazeuten, Verwaltungs- und Zollbeamten und selbstverständlich Kaufleuten Aus- und Weiterbildungsmöglichkeiten. 1895 beschloss Werner von Melle, damals Mitglied des Präsidiums der Oberschulbehörde (und später Zweiter sowie Erster Bürgermeister der Hansestadt), die Neuordnung des „Allgemeinen Vorlesungswesens". Dieses präsentierte seitdem ein akademischen Anspruch mit pragmatischem Nutzen verbindendes Tableau, in dem sich Aby eine aktive Rolle vorstellen kann. Immer wieder denkt er in den Jahren nach seiner Promotion darüber nach, wie diese Rolle aussehen könnte. Und regelmäßig diskutiert er diese Frage mit Bruder Max.

ZUNÄCHST bietet er im Wintersemester 1899 im Hörsaal A des Johanneums an drei Tagen Vorträge über Leonardo da Vinci an. Ihre Manuskripte haben sich, sorgfältig von Mary abgeschrieben und auf beinahe jeder Seite rechts oben mit dem fürsorglichen Hinweis „langsam!" versehen, im Archiv des Londoner Warburg Institute erhalten. Die Leonardo-Veranstaltungen finden ein überraschendes Echo: Schon eine halbe Stunde vor Beginn der Vorlesung, so berichtet die Presse am Tag darauf, ist der etwa 200 Personen fassende Hörsaal so überfüllt, dass man in die Aula umziehen muss.[46] Einen Sondertermin bietet er in der Kunsthalle an, wo er seinem Publikum anhand der dort verwahrten Zeichnungen und Kupferstiche die Begegnung mit Originalen ermöglicht. Die gewünschte feste Anstellung in Hamburg, etwa in der Kunsthalle, ergibt sich aus dieser Aktivität zwar nicht: Aby hatte Kunsthallendirektor Alfred Lichtwark schon frü-

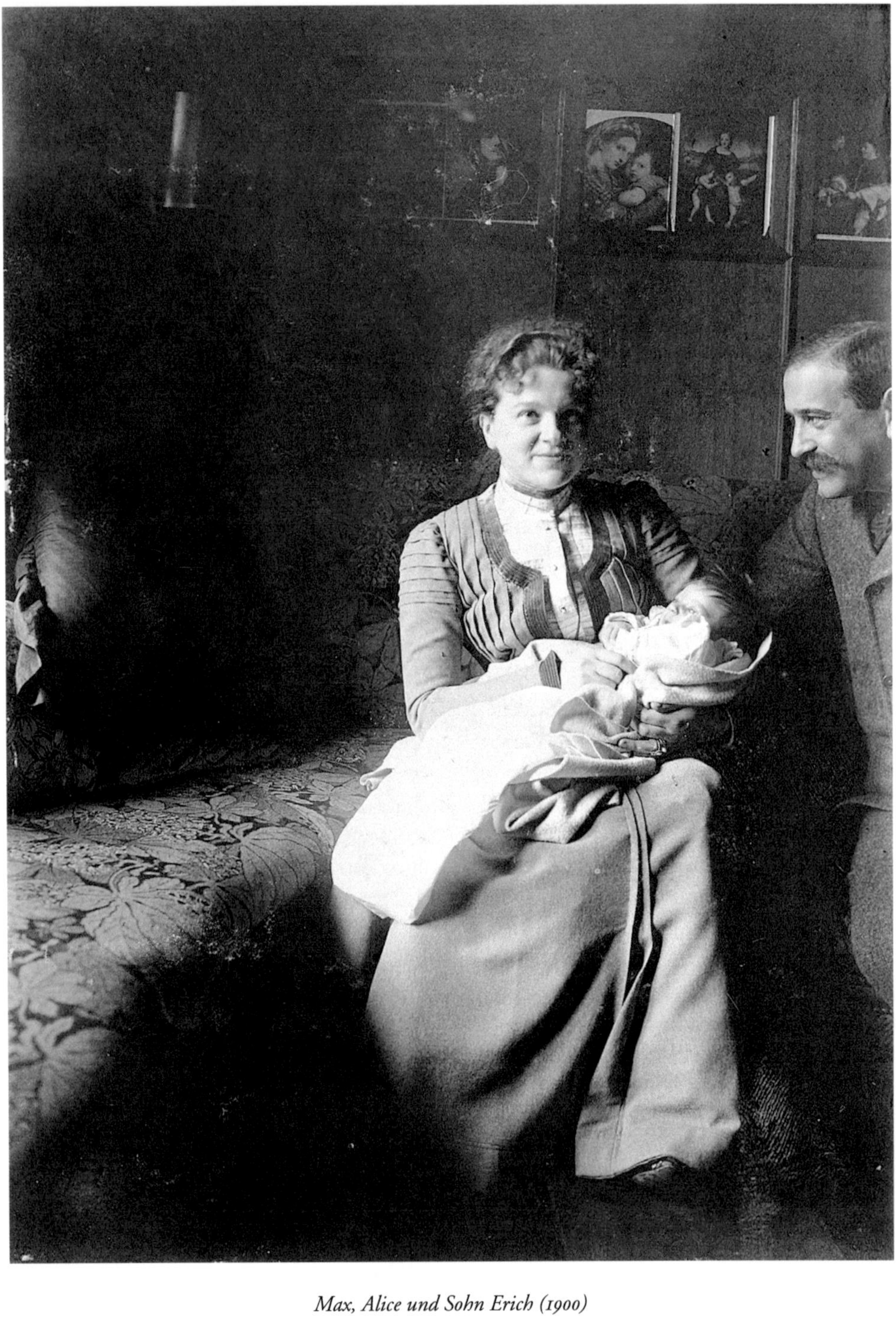

Max, Alice und Sohn Erich (1900)

her zu verstehen gegeben, dass seinen „rein theoretischen Forschungen" in Italien das „Gegengewicht praktischer Bethätigung im eigenen Land" fehle.[47] Daraufhin bietet dieser ihm eine Stelle als Assistent des Direktors an. Eine solche untergeordnete Tätigkeit ist jedoch mit Abys eigenständigen wissenschaftlichen Ambitionen nicht kompatibel. Der damals Vierunddreißigjährige schlägt Lichtwark im Gegenzug vor, ihn mit der Neuordnung und Publikation der Handzeichnungen und Kupferstiche zu betrauen – auch, damit er in einem freieren Beschäftigungsverhältnis seine Florentiner Studien weiterführen kann.[48] Leider liegt weder den Entscheidungsträgern – der Kommission für die Verwaltung der Kunsthalle – noch dem Direktor selbst etwas an der Beschäftigung eines weiteren Wissenschaftlers – und schon gar nichts an einer kostspieligen Publikation. Die Pläne zerschlagen sich im Herbst 1900. Auch zwei Besuche an der Kieler Universität, um sich dort als Privatdozent vorzustellen, bleiben ohne Ergebnis.[49] Dennoch erwirbt Aby mit diesen und anderen Vorträgen in den fol genden Jahren von Florenz aus in seiner Heimatstadt eine Reputation, die ihm die vollständige Wiedereingliederung in den hanseatischen Kosmos später erleichtern wird.[50]

Am 15. April 1900 bringt Alice Warburg einen Sohn zur Welt, er erhält den Namen Erich Moritz. Ein Stammhalter ist da, alles scheint perfekt zu laufen für Max und seine Frau. Die Firma prosperiert – was nicht zuletzt den inzwischen weitgespannten Familienbanden zu verdanken ist. 1900 kann die Bank Reichsschatzanweisungen in Höhe von 80 Millionen Mark in den USA platzieren. Was den erfolgreichen Bankier jedoch tatsächlich belastet zu diesem Zeitpunkt, vertraut er einem Brief an, den er an seinen drei Monate alten Sohn richtet und den dieser Jahrzehnte später in einem dicken Lederband entdecken wird:[51] „Warum ich Dir gerade solches schreibe, wo Du noch nicht drei Monate alt bist? Weil gerade jetzt um Dich herum in der Welt Selbsttäuschung und Lüge ihr Spiel treiben: Der Kaiser sendet seine Truppen nach China, wo seine Missionäre den Glauben der Liebe verkünden sollten und schwört Rache für die Ermordung seines Gesandten in Peking. Der Czar, welcher die Friedensconferenz im Haag einberufen, begeht Treubruch gegen die Finnländer. Engländer und Buren beten zum gleichen protestantischen Gott der Gerechtigkeit, daß er ihnen Waffenglück gebe und töten sich in christlicher Liebe. Wir sind in einer Zeit des historischen Rückschritts: Chauvinismus und Religionsfanatismus regieren die Welt; da muß jeder Einzelne sich stärken, um nicht angesteckt zu werden und dazu beitragen, daß diese traurige Wellenbewegung nur eine kurze sei. Schon wankt die Rechtsprechung (in Frankreich: Fall Dreyfus, in Deutschland: Fall Ritualmord Konitz), da heißt es Kräfte sammeln, Rückgrat haben: d'rum trinke fix: Milch, Milch und nochmals Milch, dann wird die Harmonie, die ich Dir wünsche, weil sie der Welt fehlt, nicht ausbleiben!"[52]

In dieser eigentlich leichthändig-humorvoll formulierten Lebensanweisung ist die Maxime „Sich selbst Durchringen zur Selbsterkenntnis, und selbst schaffen durch sein eigenes Ich" von zentraler Bedeutung. Sie erinnert an Aby Warburgs Wort von der „Leistung des Einzelnen", an der jedes Individuum gemessen werden solle. Es ist eben nicht mehr die Fortsetzung einer Familien-

Die „Arche" auf dem Kösterberg

tradition, die Existenz innerhalb des (jüdischen) Schutzraumes, die Aby wie auch Max Rückhalt gibt. Beide glauben an die Möglichkeit, sich als deutsche Juden durch individuelle Leistung eine neue Identität erschaffen zu können. Hier, ganz im Privaten, lässt Max erkennen, dass seine Position noch lange nicht gefestigt ist, dass er noch immer aus einer Defensive heraus agiert, der schmerzliche Erfahrungen vorausgehen. Sorgen macht ihm sowohl die außenpolitische als auch die innenpolitische Lage. In Frankreich ist es die bekannte Dreyfus-Affäre, in Deutschland der „Ritualmord Konitz", der Max – wie viele andere Juden – beunruhigt. Ritualmord – das Wort weckt auch heute noch ungute Assoziationen. Was war geschehen? Im westpreußischen Nest Konitz, etwa 130 Kilometer südlich von Danzig gelegen, war am 11. März 1900 auf einem noch gefrorenen See ein junger Mann tot aufgefunden worden. Seine Gliedmaßen hatte man säuberlich abgetrennt, die Wirbelsäule durchgetrennt. Sofort fiel der Verdacht auf den ortsansässigen jüdischen Schächer. In der Presse kam das böse Wort vom „Ritualmord" auf, womit eine seit dem Mittelalter immer wieder zur Diffamierung der jüdischen Bevölkerung verwendete Gräuellegende neue Nahrung erhielt. In der ganzen Region wuchs sich daraufhin antisemitische Propaganda zu regelrechten Pogromen aus. Juden mussten um ihr Leben fürchten, die Konitzer Synagoge brannte aus, die Situation eskalierte und war nur noch durch fünfhundert preußische Soldaten unter Kontrolle zu bringen, die in dem kleinen Ort Stellung bezogen. Bis heute ist der Mörder unbekannt. – Die Konitzer Vorfälle und ihre propagandistische Ausschlachtung versetzen selbst dem grundsätzlich optimistischen Max einen Stoß. Sie führen dem damals Vierunddreißigjährigen deutlich vor Augen, dass unter der Decke der Zivilisation noch immer atavistische und destruktive Kräfte von ungeahntem Ausmaß aktiv sind. Auch das Christentum als „Religion der Liebe", so schlussfolgert Max, mache die Welt nicht zu einem besseren Ort. Angesichts dieser fast physische Dimensionen annehmenden Bedrohungen ist es vielleicht kein Zufall, dass man das alte Holzhaus auf dem Kösterberg-Grundstück „Arche" nennt.

DAS Wiederaufflackern uralter Vorbehalte Juden gegenüber wird in den Gesprächen der Brüder häufig Thema gewesen sein: Auch in den Aufzeichnungen von Aby hat der „Fall Konitz" Spuren hinterlassen. Auf einem von ihm selbst mit den Angaben „Konitz" und „1900" versehenen Blatt Papier entwirft er einen Text, der durch viele Ausstreichungen und Verbesserungen nur schwer im Zusammenhang lesbar ist; vielleicht war er als Entwurf für einen Leserbrief gedacht. Das Blatt dokumentiert einen Denkprozess, in dem Aby Warburg um eine persönliche Stellungnahme zu den „Ritualmord"-Vorwürfen ringt.[53] Er fühlt sich zu dieser Stellungnahme berufen, so schreibt er, weil er bis zu seinem fünfzehnten Lebensjahr ein gläubiger Anhänger der Orthodoxie gewesen sei, sich dann „unter schweren inneren und äußeren Kämpfen losgemacht" habe, um sich als Privatgelehrter der modernen Wissenschaft zu widmen. „Das schwerste für einen christlich denkenden Deutschen ist vielleicht, seinem primären Instinkte nicht Folge zu leisten (...). Das ist gerade der Augenblick, wo sich die Überlegenheit der echten Ruhe zeigen sollte."[54] Aby geht das Problem psychologisch an. Er versucht sich hineinzuversetzen in jene Bürger, die in der jüdischen Bevölkerung noch immer ein fremdes Element sehen, das einem nicht geheuer ist. Bereits hier setzt er gegen die irrationalen „primären Instinkte" ein Konzept, das er später einprägsam mit dem Schlagwort „Denkraum der Besonnenheit" betiteln wird.

GEGEN die Bedrohung von außen hilft Arbeit. Aby sitzt mit Frau und Tochter Marietta in Florenz und baut seine Bibliothek aus. Seine halbherzigen Versuche, im quasi von ihm mitbegründeten, zunächst privaten Kunsthistorischen Institut irgendwie Fuß zu fassen (heute ist es ein Max-Planck-Institut), hatten nicht den gewünschten Erfolg gebracht – was auch an seiner damals schon schwierigen, manchmal zwanghafte Züge aufweisenden Persönlichkeit gelegen haben mag. Zudem sitzt seit 1897 Heinrich Brockhaus auf dem Direktorenposten, den Aby überhaupt nicht schätzt. Für das Bibliotheksprojekt benötigt er mehr Mittel. Schon im Juni 1900 deutet er in einem Brief an Max die Idee an, „meine Bibliothek dem Geschäft, der Firma geradezu auf's Conto zu setzen. (...) Ich bin eigentlich ein Narr, daß ich nicht mehr darauf bestehe, daß der Kapitalismus auch Denkarbeit auf breitester, nur ihm möglicher Basis leisten kann."[55] Immer wieder erläutert er in Briefen dem Vater und Bruder Max, dass sie ihn „als praktische und weitsichtige Kaufleute direkt zur Rücksichtslosigkeit in Anschaffungen encouragieren" müssten.[56]

ZUR gleichen Zeit arbeitet Aby über ein Fresko des Malers Domenico Ghirlandaio in der Kirche Santa Trinità.[57] Es ist etwa 1483 entstanden und handelt von der Lebensgeschichte des Hl. Franziskus. Mitten in dieser Heiligenvita erscheinen – überraschend groß und unübersehbar – weltliche Personen auf der Bildfläche. Es sind der Stifter des Freskos, der florentinische Kaufmann Francesco Sassetti sowie der mächtige Lorenzo de' Medici mit seinen Söhnen. Die Frage, wie dieses „unmotivierte[s] Eindringen des weltlichen Elementes“ in die sakrale Sphäre zu erklären sei, versucht Aby mit Hilfe neuer Verfahren zu beantworten. Er zieht „Hilfsmittel aller Art, Schriftstücke, Medaillen, Bilder, Skulpturen“ und ganz gezielt das neue Medium der Fotografie heran und kann so die Entstehungsbedingungen des Werks klären. Ausdrücklich unter Berufung auf Jacob Burckhardt und dessen bahnbrechende Arbeiten zur italienischen Renaissance gelingt es Aby in seinem im November 1901 fertig gestellten, 1902 veröffentlichten Text, dem Leser einen Einblick nicht nur in die Kunst, sondern in das Leben einer gesamten Epoche zu vermitteln.[58] Neue Bedeutung erhält vor allem der Auftraggeber. Die pragmatische Frage nach dem, der das Geld gibt – und der aus seiner Investition einen wenn auch nur ideellen Gewinn ziehen möchte, liegt einem hamburgischen Kaufmannssohn nahe: „Es ist eine der Grundthatsachen der Kultur der florentinischen Frührenaissance, dass Kunstwerke dem verständnisvollen gemeinschaftlichen Zusammenwirken zwischen Auftraggebern und Künstlern ihre Entstehung verdanken,

Aby, Mary und Tochter Marietta in Florenz (ca. 1900)

Aby am Schreibtisch in Florenz (ca. 1900)

also von vornherein gewissermaßen als Ausgleichserzeugnisse zwischen Besteller und ausführendem Meister anzusehen sind."[59] Sicher hat Aby sein Thema auch mit einem Seitenblick auf die heimatliche Szenerie ausgewählt. Florenz als „Geburtsstätte moderner selbstbewusster städtisch-kaufmännischer Kultur" scheint nicht allzu weit von Hamburg entfernt zu sein. Und auch mit Francesco Sassetti bewegt sich Aby auf vertrautem Gelände. Als „Geschäftsteilhaber der Mediceischen Firma in Lyon" mit der schwierigen Aufgabe betraut, „die zerrütteten Verhältnisse der Mediceischen Bank in Lyon zu ordnen",[60] entstammt er einem Milieu, das Aby sehr vertraut ist. Sein hier zutage tretendes spezielles Erkenntnisinteresse – den „stilistischen Zusammenhang zwischen bürgerlicher und künstlerischer Kultur"[61] darzustellen – macht unabhängig. Es weist über die Grenzen der herkömmlichen, auf die ästhetische „Hochkultur" konzentrierten Kunstgeschichte weit hinaus. Man braucht keinen Leonardo, keinen Michelangelo, nicht einmal Ghirlandaio, um diese Zusammenhänge zu untersuchen – es genügen die Glasfenster in der Lüneburger Ratslaube. Abys heute als revolutionär gefeierte Neuausrichtung der wissenschaftlichen Perspektive ist auf jede historische und jede topografische Situation übertragbar – und sie lässt dem um seine Karriere ringenden „Privatgelehrten" die Freiheit, sich auch auf heimatlichem Boden zu betätigen, wenn sich die italienischen Optionen zerschlagen sollten. Ganz ist die Verbindung nach Hamburg ohnehin nie abgerissen: Die Sommermonate verbringt die junge Familie regelmäßig im Norden, vor allem – heuschnupfenbedingt – auf Helgoland.

IM Sommer 1901 nimmt der Plan Gestalt an, die umfangreiche Büchersammlung des Älteren in eine regelrechte Bibliothek zu verwandeln.[62] Zwar muss Max, der unübersehbare Kosten fürchtet, mühsam überzeugt werden. Aber wo andere reiche Familien sich einen Rennstall hielten, so wird Aby später gerne seinen finanziell zurückhaltenden Brüdern vorhalten, hätten sie eine Bibliothek, und das sei eben zehnmal mehr wert. Denn nur, wenn er über ungewöhnliche Mittel verfüge, könne er auch Ungewöhnliches leisten. Max bewilligt dem Bruder für die von diesem geplante „Warburg-Bibliothek für Kulturwissenschaft" freie Hand, was in der Praxis bedeutet, dass die Buchhändler ihre Rechnungen direkt an die Bank schicken, die dann Abys Konto formell damit belastet.

1902 wird in Hamburg der Stammhalter geboren und nach Abys Bruder und seinem Schwiegervater Max Adolph genannt. Im selben Jahr demonstriert der junge Familienvater, dass er keineswegs ein abgeschiedenes Leben in einem akademischen Elfenbeinturm zu führen gedenkt: 1902 stellt er für das Hamburger Volksheim in Hammerbrook eine Ausstellung mit Reproduktionen zusammen. Das Volksheim war ein Jahr zuvor – nach englischem Vorbild – von dem evangelischen Theologen Walther Classen gegründet worden mit dem Ziel, gesellschaftliche Klassenunterschiede zu überwinden. Vor allem die Kluft zwischen Gebildeten und Arbeitern sollte durch kostenlose Kurse in Deutsch und Literatur, durch Sonntagskonzerte, Lesezimmer und andere Aktivitäten überbrückt werden. Heute selbstverständlich gewordene Einrichtungen wie die Öffentlichen Bücherhallen und die Öffentliche Rechtsauskunft gehen auf diese Initiativen zurück. Im „Bericht über das sechste Geschäftsjahr" wird er 1907 jedoch eine negative Bilanz seiner Versuche, „durch Surrogate die Volksseele ästhetisch anzuregen", ziehen.[63] Künstler wie Dürer und Rembrandt ließen sich nicht adäquat über Reproduktionen vermitteln: „Gerade indem Rembrandt im Dunkel das Farbige sah, hat er ein neues Instrument des farbigen Ausdrucks durch Mitteltöne gefunden, die die Photographie eben auffrisst." Man müsse die Leute vielmehr dafür gewinnen, die Originale in der Kunsthalle aufzusuchen.

SEIT dieser Zeit beteiligten sich Aby wie Max aktiv an den in Hamburg immer wieder aufflammenden Überlegungen zur Gründung einer Universität. So berichtet der jüngere Bruder dem älteren am 3. März 1909 zunächst pessimistisch, dass man in Hamburg nicht daran denke, eine Universität einzurichten. „Man braucht mindestens 40–50 Millionen Mark, um eine wirklich anständige Universität zu schaffen, und es besteht nicht die geringste Aussicht, diese

Summe zu erhalten, weder vom Staat noch von privater Seite."[64] Eher sei es möglich, Beiträge für den Ausbau des stark frequentierten Vorlesungswesens zu erhalten.

1904 kehrt Aby zusammen mit der Familie nach Hamburg zurück. Im gleichen Jahr wird Tochter Frede geboren. Die Familie zieht – mitsamt der inzwischen eigene Räume verlangenden Bibliothek – zunächst in die St. Benedictstr. 52. Für die Ordnung der inzwischen etwa 3500 Bücher wird eine Hilfskraft eingestellt. Den Gedanken an eine reguläre akademische Karriere verfolgt Aby zwar zunächst weiter. Ein Besuch bei seinem akademischen Lehrer Carl Justi in Bonn im Sommer 1905 hat den Zweck, sich dessen Unterstützung zu versichern und ihm den Arbeitsplan vorzustellen – es geht um die Inventare der Medici.[65] Aber das Projekt wird Aby 1907 aufgeben. Parallel dazu versucht er, sich in der halb-wissenschaftlichen Szene der Hansestadt zu etablieren. 1905 lässt er sich in die Kommission des Völkerkundemuseums wählen, und er hilft dem Präses der Oberschulbehörde, Werner von Melle, bei der Organisation des ersten Volkskundekongresses in Hamburg. Die schwierige und langwierige Geburt der heute so selbstverständlich wirkenden Hamburger Universität ist in den letzten Jahren verschiedentlich ausführlich dargestellt worden: Ende 1904 beginnt Senator Werner von Melle, Präses der Hamburger Oberschulbehörde, mit Max über die Gründung einer Wissenschaftlichen Stiftung zu beraten. Auch Vater Moritz ist bereit, sich zu engagieren. Melles Idee: mit der Stiftung eine Basis für die Gründung einer Universität zu schaffen, die sich einer weitgehenden Unabhängigkeit vom Hamburger Senat erfreuen kann.

1905 ergibt sich für Aby wieder einmal die Gelegenheit, auf dem kulturellen Tableau seiner Heimatstadt in Erscheinung zu treten – und hier erneut eine Kostprobe seines Könnens abzulegen. In Hamburg findet die „48. Versammlung deutscher Philologen und Schulmänner" statt – ein bedeutender und mehrtägiger Kongress, der die wichtigsten deutschen Gelehrten aus den Natur- wie auch den Geisteswissenschaften zusammenführt.[66] Vor über 300 Zuhörern spricht er am 5. Oktober 1905 im heute nicht mehr existierenden, am Anfang der Reeperbahn gelegenen Konzerthaus über „Dürer und die italienische Antike".[67] Warum wählt er aus dem reichen Schatz möglicher Themen ausgerechnet dieses aus? Zum einen, weil er das Thema an einigen Blättern aus dem Hamburger Kupferstichkabinett abhandeln kann – das unbeachtete, sonst nur Spezialisten zugängliche Material wird so einer breiten Öffentlichkeit bekannt gemacht: Warburg lässt die Grafiken vervielfältigen und verteilt sie an die Hörer. Zum anderen, weil Dürer im Deutschen Reich gegen die kulturelle Hegemonie Frankreichs und Italiens zum „germanischen" Heroen geworden war. Ihn mit der italienischen Antike in Verbindung zu bringen, garantierte einen wirkungsvollen Überraschungseffekt. Aby verfolgt hier zum ersten Mal ganz gezielt eine didaktische Mission. Er richtet sich an Gymnasialprofessoren und Lehrer – modern ausgedrückt: Er spricht vor Multiplikatoren. Diesen möchte er beweisen, dass sowohl das gängige Bild von Dürer als auch die Vorstellung von der Antike als einer Epoche „edler Einfalt und stiller Größe" ein einseitiges Bild vermitteln. Wie auch die berühmte Skulptur von Laokoon und seinen Söhnen zeigt – die Antike hat gleichermaßen Bilder der

Leidenschaft und pathetischen Gefühlsaufwallung kultiviert wie das des ruhigen Ausgleichs. Und die Renaissance hat eben jene pathetischen Elemente aus den antiken Bildwerken herausgefiltert und weiterverwendet. Die Lehrbücher sollten, so seine Empfehlung, um jene schon von Nietzsche beobachtete „ekstatisch-dionysische" Dimension der Antike erweitert werden. Für die anhand von Dürer und Mantegna beobachteten „Superlative der Gebärdensprache" wird Aby das Schlagwort von der „Pathosformel" erfinden. Es hat seitdem auch in anderen Sphären Karriere gemacht und erfreut sich bis heute unveränderter Beliebtheit.

GLEICHZEITIG aber kann Aby an dieser Stelle einen Gedanken platzieren, der zu seinem wissenschaftlichen und weltanschaulichen Credo werden wird: die Beobachtung, dass kulturelle Prozesse auf internationalen „Etappenstraßen" verlaufen. Es gehe auch bei Dürer und seiner Beziehung zu Italien nicht um das von der „älteren kriegspolitischen Geschichtsauffassung" propagierte Motto „entweder Sieger oder Besiegter", sondern um „Austausch", um „Kreislaufvorgänge".[68] Diese über starre nationale Grenzen weit hinausschauende Vorstellung ist, wie wir gesehen haben, aus einer biographischen Wurzel heraus erwachsen – der schmerzhaften Erfahrung des Ausgegrenztseins aus dem Deutsch-Sein, ausgegrenzt also aus einer Gemeinschaft mit klar abgesteckten Konturen. Sie erscheint aus heutiger Sicht sehr modern. Hier ist der Ausgangspunkt für eine Lebensperspektive zu suchen, die Aby sowohl auf kunsthistorische als auch auf weltanschauliche Fragen anwendet. Für ihn und Max, für alle deutschen Juden ist die Frage „Sieger oder Besiegte" keine Option. Entwicklung gibt es nur bei Durchlässigkeit der Sphären, bei gegenseitiger Befruchtung und bei offenem Austausch.

EBENFALLS im Jahr 1905 notiert Aby Überlegungen, die auf eine maßgeschneiderte akademische Lösung für die spezifisch hamburgische Situation hinauslaufen. Gedanklich ist er dem merkantilen Geschehen in der Hansestadt weiter eng verbunden. Seine im Londoner Archive of the Warburg Institute bewahrten Notizen verraten, dass er sich mit der Gründung einer „Hochschule oder Museum Archiv Akademie für Kaufmännische Kultur" befasst. Diese sollte „zwei Abtheilungen" bekommen, eine „Einführende" und eine „Fortbildende". Das Stichwort „Kaufmännische Kultur" zeigt, dass er bereit ist, die eigenen Forschungen ganz direkt in den Kontext der hanseatischen Bedürfnislage zu stellen. Seine Gedanken kreisen um eine wie auch immer geartete Hochschule, „die den nächstliegenden Zwecken der kaufmännischen Fortbildung genügen wird" – mit „zwei Facultäten: philosophische, volkswirtschaftliche". Auch Begriffe wie „Kaufmännischer Instinkt", „Erwerbskunst, Gefühlssache" spielen in dieser ersten Ideenskizze eine Rolle. Worauf er insgesamt hinaus will, ist eine „Universität der Freiheit (Kampf gegen Reaction, Hanseatengeist u patriarchalische Gemütlichkeit)". Damit wird deutlich, dass Abys Motivation einer kulturpolitischen Zielsetzung entspringt. Von der noch zu begründenden Hamburger Hochschule erhofft er sich Impulse für ein neues Deutschland, in dem auch Minderheiten wie die Juden endlich gleichgestellt wären.

INNERHALB dieses „Organismus" könnte eine „Beobachtungsstation für die Entwicklung der Gehirnausstülpung" gute Dienste leisten. „Wichtiger Krystallisationsmittelpunkt" nämlich sei die „Errichtung eines Kulturwissenschaftlichen Instituts in folgender Form": Das Institut solle Widerstand bieten gegen „1. Klerikalismus 2. Nationalismus 3. Dilettantismus". „Widerstand gegen Nationalismus" – das bedeutet auch Widerstand gegen alle Bestrebungen, über „rassische" Klassifizierungen Zugehörigkeit zu definieren. In der internationalen Atmosphäre einer Kaufmannsstadt wie Hamburg erkennt Aby eine Chance. Hamburg versteht sich als „Tor zur Welt". Zwar herrschen auch hier, vor allem was das Kunstverständnis betrifft, geistige Enge und „patriarchalische Gemütlichkeit".[69] Aber Nationalismus und Klerikalismus werden in der ehemals unabhängigen „Freie und Hansestadt" nicht gepflegt. Ein Leben lang wird Aby auch in seinen kunsthistorischen Forschungen nachzuweisen versuchen, dass die Identifikation mit der Nation als allein sinnstiftenden sozialen Raum weder in der Geschichte noch in der Gegenwart sinnvoll ist. Kulturelle Entwicklungen, so seine Überzeugung, verdanken sich weiträumigen Begegungen, Begegnungen, Wanderungen. Wir werden noch sehen, welche schlagenden Beweisführungen er für diese Beobachtung immer wieder finden wird.

Es fällt auf, dass Aby in dieser frühen Phase nicht an die Eingliederung der Kunstgeschichte in das Gerüst einer staatlichen Hochschule, sondern ausschließlich an die Etablierung eines unabhängigen Forschungsinstitutes denkt. Diese Idee mutet heute, wo das „Kunstgeschichtliche Seminar" längst integraler Bestandteil der Hamburger Universität ist, merkwürdig an. Damals aber liegt sie auf der Hand: Hamburg besitzt zu jener Zeit zwar eben keine Universität, aber doch eine wissenschaftliche Landschaft, die sich auf die oben bereits erwähnten eigenständigen „Wissenschaftlichen Anstalten" stützt.[70] Wie es scheint, möchte Aby sich in diese, vor allem naturwissenschaftlich und auf die praktischen Bedürfnisse einer Handels- und Hafenstadt ausgerichtete Landschaft mit einem eigenständigen Institut einfügen. Es soll als Scharnier zwischen merkantiler und geistiger Welt vermitteln. Damit bezieht er Position in einer damals landesweit geführten Diskussion über den Sinn und Zweck der Universität als solcher. Sie gilt vielen inzwischen als reines „Abrichteinstitut, aufgesucht von jenen, die vom Staat einen Stempel darüber haben wollen, daß sie wissen, was er verlangt; ob sie es besitzen, ist Nebensache, oft auch für den Staat".[71]

Für die Organisation dieses „Kulturwissenschaftlichen Instituts" hat Aby bereits konkrete Vorstellungen. Es solle über fünf Lehrstühle und mehrere Mitarbeiter verfügen sowie eine Zeitschrift herausgeben, den „Hb. Anzeiger für Kultur der Vergangenheit und Gegenwart". Die eigene Bibliothek solle darin aufgehen – ein Etat zur Ablösung sei bereits eingestellt. Eine eigene Abteilung solle der „Geschichte des Reisens" – und damit der Geschichte der Mobilität – gewidmet sein. Und auch die altehrwürdige Commerzbibliothek Hamburgs gerät in seinen Suchscheinwerfer: „die Commerzbibliothek bleibt selbständig oder wird eingegliedert". Vor allem die Internationalität der ganzen Unternehmung ist Aby ein wichtiges Anliegen: „Man müßte den Mut haben, aus der praktischen Erkenntnis der Unzulänglichkeiten d. heutigen (opportunistischen) Universität die Folgerung z. ziehen, daß nur ein internationaler mit wissenschaftlichen Mitteln arbeitender Idealismus uns weiter bringt."[72] In den folgenden Jahren schwankt Abys Existenz zwischen der Konsolidierung seines Privatgelehrten- und damit immer auch Außenseiterstatus, einer Mitarbeit am Kunsthistorischen Institut in Florenz und einer klassischen Universitätskarriere im Deutschen Reich. Aber als der „heimliche Kultusminister" in Preußen, Friedrich Althoff anfragt, ob er an die Universität Breslau gehen würde, lehnt er mit der Begründung ab, der dortige Ordinarius Richard Muther stehe seinen Forschungen so kritisch gegenüber, dass eine Zusammenarbeit unmöglich sei.[73]

GRUNDSÄTZLICH ist die Universität für Juden noch immer ein schwieriges Berufsfeld. Als ein Beispiel sei hier der Werdegang des mit Aby befreundeten Adolph Goldschmidt skizziert, den Christine Kreft detailreich rekonstruiert hat.[74] Goldschmidt war, wie Aby, ein hamburgischer Bankierssohn und Kunsthistoriker. Eine Berufung nach Bonn wurde zunächst durch den üblichen „stillen", an den deutschen Hochschulen verbreiteten Antisemitismus verhindert. 1904 erreichte ihn immerhin ein Ruf aus Halle. Die Erlösung aus der akademischen Provinz winkte 1911, als er für die Nachfolge des prominenten Berliner Ordinarius Heinrich Wölfflin ins Spiel gebracht wurde. Auf die (übliche) Aufforderung, sich dafür taufen zu lassen, antwortete Goldschmidt mit einem Telegramm, dessen Wortlaut berühmt geworden ist: „Bleibe Jude, bleibe Halle."[75] Seiner überragenden Qualifikation war es zu verdanken, dass er die Stelle dennoch erhielt. Für seine Nachfolge in Halle scheint ihm Aby Warburg geeignet. Dieser jedoch lehnt ab. Er sei nicht wie Goldschmidt Stilkritiker, sondern Kunsthistoriker, er verfüge nicht über die nötige Spannkraft, er sei in die Organisation des Kunsthistorischen Kongresses zu stark eingespannt. Das wichtigste aber: Er hoffe auf eine philosophische Fakultät in Hamburg, die mehr seinen Wünschen und Fähigkeiten entspräche – und die damit auch ihm selbst, so seine immer wieder angedeutete Hoffnung, eine seriöse Daseinsberechtigung in seiner Heimatstadt liefern würde.[76]

DIE Bank hat sich inzwischen auf internationalem Tableau ein hohes Ansehen erworben. 1904 werden M. M. Warburg & Co. eingeladen, sich an einem Konsortium zu beteiligen, das eine Anleihe des Osmanischen Reiches zur Finanzierung der Bagdadbahn plant. Entschieden gegen den Rat des Vaters, der einen Juristen in der Bank für überflüssig hält, stellt Max als neuen ständigen Rechtsberater 1902 Dr. Carl Melchior ein; er entstammt einer jüdischen Gelehrten- und Kaufmannsfamilie. 1905 vermittelt Kuhn, Loeb und Co. aus New York die Anfrage für die (riskante) Platzierung einer Japan-Anleihe, wofür Max sich die Erlaubnis aus dem Auswärtigen Amt holt. Darauf folgt eine zweite Anleihe. „Der Erfolg beider Anleihen (…) machte die in Japan bislang unbekannte Warburg-Bank berühmt und führte in der Folge zu mehrfachen Geschäftsabschlüssen mit japanischen Banken und Handelshäusern."[77] Paul ist 1902 in die USA gegangen, er ist jetzt Teilhaber in der Firma seines Schwiegervaters, der großen Investmentbank Kuhn, Loeb & Co. 1907 wird dann der jüngste Bruder Fritz – ein promovierter Jurist – Partner. Fritz hatte, wie Max, in London einige Zeit bei Brandeis Goldschmidt gearbeitet und kennt sich im Metallhandel gut aus. Ihm verdankt die

Warburg-Bank den Einstieg ins Metallgeschäft. Fritz wird Mitbegründer und zeitweise Vorsitzender der Hamburger Metallbörse sowie Vorstandsmitglied des Vereins der am Metallhandel beteiligten Firmen.

MAX ist es gelungen, in der Ferdinandstraße einige Nachbargrundstücke zu erwerben. 1906 wagt man deshalb einen großen Schritt, der die innere Entwicklung der Firma deutlich nach außen kommuniziert: Ein Neubau wird geplant. Als Architekten gewinnt man den renommierten Rathausbaumeister Martin Haller, der außerdem für Albert Ballin, für die Hamburger Freihafen- und Lagerhaus-Gesellschaft und zahlreiche andere Auftraggeber tätig war und ist. Jongleur zwischen den Stilen, entwirft Haller für die Bank eine Neorenaissance-Architektur, die wie das italianisierende Pendant zur „deutschen Renaissance" des Rathauses aussieht. Mit Sockel, Piano Nobile und Kranzgesims, mit Dreiecksgiebeln, Girlandenfries und der zum „Schein-Belvedere" ausgebauten Dachzone erinnert das prächtige Bankhaus an die Ursprünge der Gattung, etwa den Medici-Palast in Florenz. 1913 wird man das neue Kontorhaus beziehen. Inzwischen erschließt sich Max Aufmerksamkeit auch außerhalb der hamburgischen Landesgrenzen. Im September 1907 hält er auf dem Deutschen Bankiertag einen stark beachteten Vortrag über die Frage, ob Deutschland auf einen möglichen europäischen Krieg finanziell und wirtschaftlich vorbereitet sei – die Antwort fällt negativ aus.[78] Vor allem erkennt er angesichts der Erweiterung des deutschen Flottenprogramms klar die Gefahr eines deutsch-englischen Zusammenstoßes. „Mit der Möglichkeit eines Krieges," so erinnert er sich, „war zu rechnen".[79]

GLEICHZEITIG engagiert sich die Bank in Übersee. „Ich darf wohl sagen", so Max später, „dass kein Bankhaus in Deutschland sich so zielbewußt für die Betätigung Deutschlands in den Kolonien interessiert hat wie das unsrige. (…) Ich konnte manchen Beitrag leisten: das eine Mal mit der Gründung des Kolonialinstitutes in Hamburg, das andere Mal mit der wiederholten Unterstützung des Tropenhygienischen Institutes in Hamburg, das durch unser Eingreifen zweimal aus finanziellen Schwierigkeiten gerettet wurde."[80] Immer intensiver gestalten sich die Verbindungen von M. M. Warburg & Co. mit den unterschiedlichsten gesellschaftlichen und wirtschaftlichen Einrichtungen der Stadt. Max ist inzwischen geschäftlich und privat mit Albert Ballin verbunden, dem Generaldirektor der Hamburg-Amerika Linie (HAPAG). Auch dessen Interessen sind weitgespannt, sein Motto lautet „Mein Feld ist die Welt". „Im deutschen Volk", so Max später, „war er bekannt als der geniale Jude, der mit dem Kaiser befreundet war".[81] Ballin wird Patenonkel von Max' Sohn Erich und ein enger Freund der Familie. Über und mit Ballin versucht Max in jenen Jahren, durch verschiedene, auch humanitäre Maßnahmen eine Entschärfung der kaiserlichen Aggressionspolitik zu erreichen. Zur Abwendung der Kriegsgefahr scheint vor allem eine Verständigung mit England unabdingbar. Max ist mit Walter Rathenau gut bekannt, er hat das Ohr des Kaisers, er finanziert große Staatsaufträge und hat exzellente Kontakte in die Berliner Ministerien. Schließlich kaufen unter seiner Führung sechs Bankiers dem Reich eine neue Kolonie, die beinahe die Größe der Britischen Inseln besitzt, das nördliche Mosambik.[82]

Aby und Max (ca. 1906)

Aus heutiger Sicht bestehen zumindest für Max zu diesem Zeitpunkt keine Grenzen mehr zwischen dem jüdischen und nichtjüdischen Hamburg. Unter der Oberfläche aber bleiben die Vorbehalte virulent. Dass jeder Schritt, jede öffentliche Regung vorsichtig abgewogen werden muss, zeigt ein Briefwechsel mit Bruder Aby vom August 1906. Am 3. Juli war das Wahrzeichen Hamburgs, die Hauptkirche St. Michaelis, bis auf die Grundmauern abgebrannt. Aby erkundigt sich bei seinem Bruder, warum das familieneigene Unternehmen die Sammlung zum Wiederaufbau nicht unterstütze. Die Antwort von Max zeigt deutlich, wie sehr man als Jude selbst dann noch vorsichtig lavieren muss, wenn es um Wohltätigkeit geht: „Lieber Aby, Für den Aufbau der Michaeliskirche haben wir nichts gegeben, weil wir finden, dass die Beteiligung an der Sammlung aus christlichen Kreisen eine sehr geringe ist. Wir sind principiell bereit gewesen, und sind es auch heute noch, zu zeichnen. Wenn aber von christlicher Seite aus so wenig geschieht, würde man uns die Motive, aus welchen wir zeichnen, sehr falsch auslegen, indem man es überflüssig findet, dass wir überall zeichnen, wo die Namen der Geber veröffentlicht werden. (...) Mit herzlichen Grüssen, Dein treuer Bruder Max.“[83]

39 Ebd., S. 14 f.
40 Max Warburg, Erinnerungen von Max Warburg an Aby Warburg, o. D., wohl Dezember 1929 (WIA, III.134.1.6.).
41 Ebd.
42 John Hertz an Aby Warburg, 7. April 1897: WIA, GC.
43 Max Warburg, Erinnerungen von Max Warburg an Aby Warburg, o. D., wohl Dezember 1929 (ebd., III.134.1.6.).
44 Ebd.
45 Hoffmann, Warburg, S. 42.
46 Hamburgischer Correspondent Nr. 447 (23. September 1899).
47 Hurttig, Antike, S. 13.
48 Ebd., S. 13 f.
49 Ebd.
50 So etwa 1901 „Das Leben im Kreise des Lorenzo de Medici, veranschaulicht durch die Kunst Ghirlandajos“.
51 Warburg, Zeiten, S. 11 f.
52 Ebd.
53 Vgl. auch Schoell-Glass, Warburg, S. 95 ff.
54 WIA, III.52.2.: Notizen „Konitz“.
55 30. Juni 1900, zitiert nach: Gombrich, Warburg, S. 167.
56 28. Oktober 1900, zitiert nach: Ebd., S. 168.
57 Warburg, Bildniskunst.
58 Ebd., S. 76.
59 Ebd., S. 69.
60 Ebd., S. 72.
61 Ebd., S. 68.
62 Chernow, Die Warburgs, S. 158 ff.
63 Vgl. Warburg, Bilderaussstellungen.
64 Max an Aby Warburg, 3. März 1903: WIA, FC.
65 Vgl. Roeck, Warburg, S. 95 ff.
66 Vgl. Hurttig, Antike, S. 15 ff.
67 Der Vortrag wurde 1906 veröffentlicht, siehe Warburg, Dürer.
68 Ebd., S. 130.
69 Überlegungen zur Begründung eines Kulturwissenschaftlichen Instituts (WIA, III.133.4.1. und III.133.4.2.).
70 Brauer; Mendelssohn Bartholdy; Meyer, Forschungsinstitute.
71 Melle, Jahre, S. 52.
72 Überlegungen zur Begründung eines Kulturwissenschaftlichen Instituts (WIA, III.133.4.1. und III.133.4.2.).
73 Aby Warburg an Ernst Schwedeler-Meyer, 17. September 1906: Ebd., GC.
74 Kreft, Goldschmidt.
75 Ebd., S. 164.
76 Ebd., S. 167.
77 Kleßmann, Warburg, S. 40.
78 Ebd.
79 Warburg, Aufzeichnungen, S. 23.
80 Ebd., S. 24.
81 Ebd., S. 25.
82 Vgl. Hoffmann, Warburg, S. 65 f.
83 Max Warburg an Aby Warburg, 7. August 1906: WIA, FC.

[5]

Die Hamburgische Wissenschaftliche Stiftung oder Kaufleute als „Ducatenmännchen"

1907 kann endlich die Hamburgische Wissenschaftliche Stiftung ins Leben gerufen werden. Ihr Zweck ist es, „die Wissenschaft und deren Pflege und Verbreitung in Hamburg zu fördern". Einer ihrer Mitbegründer ist Moritz Warburg, der sich wie sein Sohn Max darum bemüht, in Übersee ansässige ehemalige Hamburger als Stifter zu gewinnen. Gemeinsam mit Senator Dr. von Melle, Dr. Otto Dehn, Adolph Woermann, Max Schinckel und Edmund J. A. Siemers unterzeichnet er im Namen der Stifter die Gründungsurkunde. Möglich geworden ist dies durch eine enorme Spende von 2 Millionen Mark. Stifter ist der aus Hamburg stammende Alfred Beit, der nach Südafrika ausgewandert ist und dort im Diamantenhandel ein immenses Vermögen erworben hat; der unverheiratete und kinderlose Magnat ist auf vielen Gebieten philanthropisch tätig und Besitzer einer bedeutenden Kunstsammlung. Max kennt ihn und revitalisiert die Verbindung zu von Melle, der mit Beit zur Schule gegangen war.[84] Auch Beit stammt ursprünglich aus einer jüdischen Familie – seine Eltern haben sich jedoch 1851 taufen lassen. Die zweite Spende von 250.000 Mark stammt von Moritz Warburg und Söhnen – danach geht es weiter mit Beträgen von 100.000 bis zu 2.000 Mark. Namen wie Amsinck, Woermann, Laeisz, Blohm, Diederichsen und Godeffroy zeigen, dass sich Teile des hanseatischen Bürgertums für eine Intensivierung des wissenschaftlichen Betriebs erwärmen konnten. Noch bedeutender erscheint es allerdings aus heutiger Sicht, dass – wie die Familie Rosenstern, Adolph Lewisohn und Henry Budge – auch mehrere jüdische Bürger in der Liste der Stifter erscheinen. 1907 besitzt die Stiftung ein Gründungskapital von 3.815.000 Mark. Als erstes beruft sie den Heidelberger Historiker Erich Marcks auf eine Professur am „Allgemeinen Vorlesungswesen".[85] Man mag sich heute fragen, warum sich Max Warburg so ungewöhnlich für die Hamburgische Wissenschaftliche Stiftung und ihre Anliegen engagiert. Er selbst hatte ja, im Gegensatz zu seinem Bruder, keine akademische Ausbildung erfahren, er war kein Wissenschaftler. Wenn man jedoch im Hauptbuch der Stiftung die Liste der Geber betrachtet, fällt auf, dass hier jüdische und nichtjüdische Namen einträchtig beieinander stehen. Die Wissenschaftliche Stiftung ist eine Neugründung, von Traditionen und Fragen der Religionszugehörigkeit unbelastet – sie ist, um es mit einem Wort Abys zu formulieren, ein „Ausgleichserzeugnis".[86] Ihr Ziel ist ein patriotisches. Unter dem Vorzeichen einer höheren Dienstleistung für kaufmännische Interessen zum Wohle der Hansestadt können hier Goldschmidts und Amsincks, Warburgs

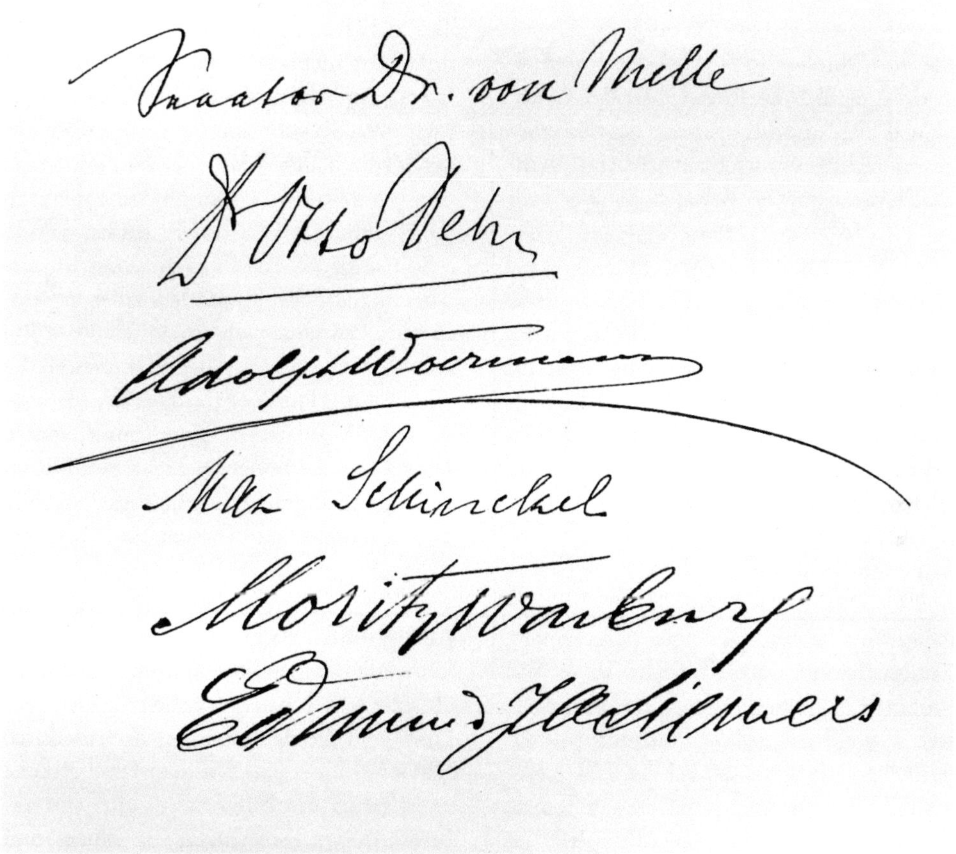

Die Unterschriften auf der Stiftungsurkunde der Hamburgischen Wissenschaftlichen Stiftung

und Woermanns endlich einmal an einem Strang ziehen.

WIE eng die Universitätsfrage auch Max und Aby immer wieder verbindet, zeigt ein Brief des jüngeren an den älteren Bruder vom 10. Oktober 1907. Max denkt im Rahmen seiner Mission für eine hamburgische Hochschule daran, einen Vortrag zu halten, der dann auch in der Presse erscheinen soll – und dies auch ohne die ausdrückliche Genehmigung von Melles. Das Thema: „Was sich viele Kaufleute dabei dachten, als sie Beiträge zur wissenschaftlichen Stiftung gaben." „Es ist nach meiner Ansicht wichtig, daß ein *Kaufmann* sich äußert, wir sind doch nicht nur Ducatenmännchen, die sich einem Hirten unterordnen sollen, der bei jeder Gelegenheit nur das herkömmliche ‚Bäh' sagt. Ich würde die Rede gerne Dir oder Embden[87] überlassen, ich bin aber ziemlich sicher, daß es mehr wirkt, wenn kein Akademiker sich äußert (…). Meine Disposition habe ich lange fertig, für

Rosinen zum Einbacken bin ich empfänglich."[88]

AM 20. Oktober 1908 wird das Kolonialinstitut feierlich eröffnet.[89] Mit der Gründung dieser Ausbildungsstätte für Kolonialbeamte gelingt ein weiterer Schritt in Richtung Universität. Im Beirat sitzt – wie auch in dem des neuen Hamburgischen Welt-Wirtschafts-Archivs – Max. Der Direktor des Hamburger Museums für Völkerkunde, Georg Thilenius gehört dem Lehrkörper des neuen Instituts an, das eine Schnittstelle aus wissenschaftlichen, politischen und finanziellen Interessen bildet. Anders als sein Name es vermuten lässt, bietet es ein breites Fächerspektrum an, zu dem neben Völkerkunde auch Geschichte, englische und romanische Sprachen und Kultur, Sprachen und Geschichte Ostasiens, Japans und Indiens, Geographie, Geologie, Mineralogie, Nationalökonomie, Öffentliches Recht und Philosophie gehören. Aus dieser Keimzelle soll, so von Melles Plan, zukünftig eine öffentliche Universität erwachsen. Das Kolonialinstitut ist jedoch zunächst ein Raum, der den Kunsthistoriker Aby (der sich längst als Kulturhistoriker versteht) aufs engste mit dem Banker Max verbindet. Aby hat die von seiner eigenen Forschungsreise nach Übersee mitgebrachten zahlreichen Objekte – Tongefäße und Katsina-Figuren – dem Museum für Völkerkunde gestiftet. Ein großer Teil befindet sich noch heute im – 1912 errichteten – Gebäude des Völkerkundemuseums.

1908/09 finanziert die Hamburgische Wissenschaftliche Stiftung eine groß angelegte Expedition zum Bismarck-Archipel und an die Küste des „Kaiser-Wilhelm-Landes"; im zweiten Jahr werden auch die Karolinen und Marshall-Inseln bereist. Ziel ist die Vergrößerung der völkerkundlichen Sammlung. Tatsächlich bringt man etwa 15.000 Objekte mit. Aber nicht nur dies – die Expedition hat erstaunlich breit gefächerte Forschungsinteressen. Es geht um Fragen der Religion, der Medizin, der Sprache, es geht um Kunst und um Wirtschaft. Eine ähnliche thematische Vielfalt wird Abys in diesen Jahren schon zügig im Ausbau begriffener Kulturwissenschaftlicher Bibliothek zu eigen sein. Es ist zumindest wahrscheinlich, dass ihn die durch die wirtschaftlichen Interessen der Hafenstadt Hamburg motivierten ethnologischen Aktivitäten in seiner unmittelbaren Umgebung zu seinem eigenen weiträumigen Forschungsansatz, seiner Vision einer „kulturwissenschaftlichen Station" angeregt haben.[90]

AUCH innerhalb Hamburgs gewinnt Max kontinuierlich an Reputation. Es scheint, als solle sein Lebensplan, die nahtlose Integration in die deutsche Gesellschaft durch Leistung, aufgehen. Seit dem Jahre 1904 ist er Mitglied der Bürgerschaft. Er wird gebeten, in den Aufsichtsrat von Blohm und Voss einzutreten. Und obwohl weder er noch Melchior sich danach drängen, sitzt die Bank bald in achtzehn weiteren Aufsichtsräten. Kontinuierlich muss mehr Personal eingestellt werden – 1913 hat die Warburg-Bank mehr als 100 Mitarbeiter. Auch privat hat es eine Entwicklung gegeben: Seit 1907 bewohnen Max und Alice samt Kindern ein großes Haus in der Neuen Rabenstraße 27. Und auf dem Kösterberg besitzt Max jetzt ein neues, eigenes Haus aus rotem Klinker, in dem vor eindrucksvoller Elbkulisse 48 Gäste speisen können.

AUCH Aby und Mary suchen, durch die

Aby und seine Familie, von links nach rechts: Frede, Max Adolph, Marietta, Mary und Aby (ca. 1912)

anwachsende Bücherflut in Bedrängnis gebracht, eine geräumigere Bleibe; inzwischen umfasst die Bibliothek 9.000 Bände und benötigt für die Katalogisierung kontinuierlich die Hilfe eines Mitarbeiters. Im Januar 1909, so berichtet er Max, besichtigen sie ein Haus in der Heilwigstraße 114.[91] Danach sind sie der Meinung, „dass 1.) dieses Haus ein wirklich uns passendes behagliches Wohnhaus für uns abgeben würde, dessen Geräumigkeit 2.) erlauben würde, das Parterre vorläufig gänzlich als Geschäftsraum zu benützen indem man das Eßzimmer in die erste Etage verlegen könnte 3.) dann würden die Räume vorläufig mindestens ? Jahre ausreichen". Doch Aby blickt schon weiter: Um sich nicht „durch abgeschnittene Expansionsmöglichkeiten nervös zu machen", möchte er „einen 6, besser 10 m. Landstreifen kaufen zu höchstens 45 M. pro qm. (740qm Fl.) M. 33000 + 8000 M. Aufschüttungskosten f. das Ufer". Aus eigenen Mitteln werde er nicht bauen, aber er brauche Luft, könne warten. „Mit Vater sprach ich: ihn bedrücken die möglichen Baukosten der noch nicht vorhandenen Bibliothek."

DAS Projekt eines eigenen Bibliotheksgebäudes ist somit 1909 bereits angesprochen. Aber Aby wird bis zur Realisierung dieses Plans noch etwa 15 Jahre warten müssen. Der Einzug aus der St. Benedictstraße 52 in die nah gelegene Heilwigstraße 114 dagegen findet bereits Mitte 1909 statt und wird, wie in der Familie Warburg üblich, mit einem von Familienmitgliedern geschriebenen und aufgeführten Theaterstück gefeiert.[92] Es unterhalten sich das alte und das neue Haus. Abys Kinder spielen die Allegorien von Gelehrsamkeit (Max als Mönch), Häuslichkeit (Marietta als holländische Hausfrau) und Gastlichkeit (Frede, mit Flügeln). Humorig werden Probleme des täglichen Zusammenlebens abgehandelt: „Was ist des Mannes ureigenstes Wesen? Bücher lesen? Und was ist das Edelste, was er mag treiben? Bücher schreiben! (…) sie fressen die Räume, sie strömen, sie quellen / sie füllen im Umsehn Regal auf Regal; / sie wachsen an Umfang, verdoppeln die Zahl / sie fluten herbei über Stufen und Schwellen / hinauf bis zum Boden, hinab bis zum Keller / den Eisschrank, den Aufzug, die Badewann / wo immer ein Hohlraum, sie füllen ihn an / schnell wie ein Platzregen oder noch schneller."

Im gleichen Jahr bezieht Aby öffentlich Stellung in der Frage, inwieweit Hamburg sein akademisches Leben intensivieren solle. Es geht, darum, ob man am „Allgemeinen Vorlesungswesen" eine archäologische Professur einrichten solle; ihr Inhaber hätte neben seiner Lehrverpflichtung auch die in der Kunsthalle befindliche Gipsabguss-Sammlung zu betreuen. In das Protokoll der Bürgerschafts-Sitzung vom 12. Dezember 1909 ist eine maschinenschriftliche Stellungnahme aufgenommen, die den kämpferischen Titel „Kommunale Pflichten und allgemeine Geistespolitik" trägt. Der Text ist glänzend formuliert und bedient sich so deutlich maritimer Metaphern, dass er in Kaufmannskreisen Sympathien finden muss. „Es wird wohl kaum eine Stadt in Deutschland geben", so Abys Kommentar, „die den antiken Göttern vor aller Augen ein so miserables Asyl bietet, wie Hamburg. Im Halbdunkel zusammengepfercht, führen Götter und Heroen, die hoch im freien Licht die Verehrer grüßen sollten, in der hamburgischen Kunsthalle ein Dasein wie Auswanderer im Zwischendeck; und Hamburg sollte diesen Importartikel nicht nur des äußeren Eindrucks wegen besser behandeln." Pragmatisch holt Aby die Entscheidungsträger dort ab, wo sie stehen: Die Kinder der Stadtväter beklagten sich über die Trockenheit der gymnasialen Bildung – dem könne man abhelfen, wenn das „Wort", also die Texte der antiken Autoren, durch das „Bild", also die Skulpturen, ergänzt würden: „die visuelle Wiederbelebung des Gedächtnisstoffes hier in Hamburg" nicht ungestümer zu fordern, sei ein Fehler. Der zu berufene Archäologe könne und müsse für Hamburgs Kultur aber noch ganz anderes leisten: „Durch ihn sollen Mächte reden, die dem Niveauschwund und der Maßstablosigkeit eines tagedienerischen Geschmacks entgegenwirken."[93]

In einem Punkt aber unterscheiden sich die Brüder, und das wird unübersehbar, als am 29. Januar 1910 Vater Moritz stirbt: Es ist ein unumstößliches Gesetz, dass der Erstgeborene am Grab des Vaters das Totengebet, das „Kaddisch", spricht. Trotz der Bitten von Mutter und Brüdern weigert sich Aby. Er, der inzwischen jede Religion als „Aberglauben" betrachtet und der auch seine Kinder nicht hat taufen lassen, hält das für Heuchelei. Max habe schon vor langer Zeit zu seiner „ungetrübten und dankbaren Zufriedenheit" die Aufgaben übernommen, die im Judentum dem Erstgeborenen zufallen.[94] Aby nimmt weder an der Beisetzung noch am Trauergottesdienst teil. Moritz hatte sich zwar auch in der Hamburgischen Wissenschaftlichen Stiftung engagiert, aber war gleichzeitig den Traditionen des Judentums in jeder Hinsicht treu geblieben: Noch zwei Jahre zuvor hatte er zusammen mit seinen im Geschäftsleben aktiven Söhnen der Talmud Tora Schule ein neues Gebäude gestiftet. Zwar ist für Max die Befolgung der jüdischen Gesetze und der Besuch der Synagoge längst keine Herzenssache mehr. Aber er wird sich zeitlebens in ihrem Rahmen und damit in den vom Vater vorgegebenen Spuren bewegen.

Von außen betrachtet hat es den Anschein, als würden die Wege der beiden Brüder auch darüber hinaus spätestens ab 1910 endgültig auseinanderdriften. Max weitet seinen Aktionsradius auf das internationale Bankgeschäft aus. Er investiert in Afrika, er verstrickt sich in undurchsichtige Kolonialgeschäfte, er wird zu einem der großen Akteure im Netzwerk aus Wirtschaft und Politik. Viel Energie investiert er – aus heutiger Sicht vielleicht naiv – in den Versuch, mitzuwirken in der Abwehr eines Krieges, dessen Bedrohung immer näher rückt. Sein Verbündeter ist der in Köln als Sohn jüdischer Eltern geborene Ernst Cassel, später Sir Ernest Cassel. Der in London lebende, außerordentlich einflussreiche Magnat ist privater Finanzberater von König Edward VII. Aby dagegen, der den politischen Ambitionen seines Bruders kritisch gegenübersteht und ihn immer mal wieder zur Zurückhaltung auffordert, arbeitet über stilpsychologische Phänomene, hält Vorträge und versucht, sich sowohl auf internationalem als auch auf dem heimatlichen Parkett zu profilieren: Sein Ringen um öffentliche Anerkennung ist einerseits aus der privaten Situation heraus zu verstehen – er muss es seiner Familie beweisen! Andererseits ist es immer wieder das auch auf ihn angewendete Stereotyp des wohlhabenden Juden, des „Bankierssohns“, des „reichen hamburgischen Kunstfreundes“, des „kunstbegeisterten hamburgischen Patriziers“, das ihn unter Zugzwang setzt.[95] Und nicht zuletzt ist es das aus der Erfahrung der Ausgrenzung heraus entwickelte Lebensziel – sich durch Leistung in die deutsche Gesellschaft zu integrieren – das ihn antreibt. Sein Ziel ist, so formuliert er bereits 1909, ein „institutsmäßig arbeitendes Laboratorium“, um daraus „eine neue Methode der Kulturwissenschaft, deren Basis das ‚gelesene‘ Bildwerk ist“, zu entwickeln.[96]

Dass Aby sich auch als Kunst*kritiker* betätigt, ist für einen Kunst*historiker* ungewöhnlich. Eine dieser Aktivitäten gilt den neuen Fresken im Hamburger Rathaus. Im Mai 1910 erscheint in der Zeitschrift „Kunst und Künstler“ eine kritische Besprechung. Sie wird vom „Hamburgischen Correspondenten“ in voller Länge abgedruckt, woraufhin Aby zahlreiche zustimmende Zuschriften erhält. Der Text gipfelt in dem wunderbaren, als Appell an die politischen Entscheidungsträger gerichteten Satz: „Wer das Amt repräsentativer Geschichtsverkündung öffentlich übernimmt, verpflichtet sich dazu, als soziales Erinnerungsorgan zu funktionieren, das zurückschauender Selbsterkenntnis auf die wesentlichen Entwicklungsmomente verhelfen soll; wenn aber nun jenes Riesentryptichon (sic) von Strandidyll, religiösem Zeremonialakt und Landungsplatz die Quintessenz hamburgischer Kulturentwicklung ausreichend versinnbildlicht, so ist eben den Hamburgern und ihrem berufenen Organ im Augenblick höchster Gedächtnisanspannung nichts aufregend Großes, nicht einmal menschlich Wesentliches eingefallen, das zu so monumentalem Vortrage berechtigt."[97] Wo Goethes Zeit von Kunstwerken noch erwartet habe, daß sie „aufregten", sei man heute auf die banale „Anregung" heruntergekommen. Aby erscheint die Erzählung leer und hohl, es fehlen jene Momente, in denen das „eigentlichste und höchste Ausdrucksmittel der Historie" zur Geltung kommt, Momente „ideale[r] Humanität" und „beseelten Menschentums".[98]

Konsequent verfolgt von Melle, unterstützt von Max, weiter den Plan, die Wissenschaftlichen Anstalten, das Vorlesungswesen und das Kolonialinstitut in eine ordentliche Universität zu überführen. Immer wieder zieht letzterer seinen akademisch sozialisierten Bruder in Detailfragen zu Rate.[99] 1910 schlägt er vor, Aby in den Vorstand der Wissenschaftlichen Stiftung zu berufen. Deren größtes Problem liegt im erklärten Widerstand, der den Universitätsbefürwortern aus der damaligen Bürgerschaft entgegenschlägt. Die Gegenargumente lauten unter anderem: „Fehlendes Bedürfnis für eine Universität", die „Gefährdung von Hamburgs Handel und Schiffahrt" – für deren Bedürfnisse die Leistungsfähigkeit des Staates uneingeschränkt erhalten bleiben müsse – sowie die „Entstehung eines gelehrten Proletariats in Hamburg" und, natürlich, die „zu geringe Veranschlagung der Kosten".[100] Aber auch in Berlin findet die Idee, Hamburg mit einer Hochschule auszustatten, wenig Freunde: Wenn Max, meist aus Anlass der Kieler Woche, auf Wilhelm II. trifft, fällt diesem prompt das Stichwort „Universität Hamburg" ein. „Der Kaiser war entschieden dagegen, daß Hamburg eine Universität bekommen sollte. Er gab zu, daß die höhere Erziehung in Hamburg eine ziemlich einseitige und nicht sehr tiefgehende sei. Doch meinte er: liegt nicht gerade in dieser etwas beschränkten Bildung eine gewisse Stärke? Das war", so erinnert sich Max mit nicht ganz nachvollziehbarer Sympathie, „ganz richtig und traf den Nagel auf den Kopf".[101]

1911 listet Aby in einem Brief an den Freund Friedrich Bendixen seine Verdienste in Sachen Universität auf: „Pace-macher für die Akademische Idee seit 190? / ohne ihn wäre Max Warburg nicht in Bewegung gekommen und ohne diesen nicht Beit als Geldgeber und ohne diesen hätte von Melle nichts erreicht."[102] Immerhin kann 1911 dank einer großzügigen Spende des Reeders Edmund Siemers ein Vorlesungsgebäude an der Moorweide eingeweiht werden. Es steht sowohl für die Veranstaltungen des Allgemeinen Vorlesungswesens als auch die des Kolonialinstituts zur Verfügung; über dem Portal ist es in Stein gemeißelt zu lesen: „Der Forschung – der Lehre – der Bildung." 1911 bereitet von Melle einen Antrag an die Bürgerschaft vor. Für die Verhandlungen werden Vertrauensmänner aus allen politischen Lagern gewählt, zu denen auch das Bürgerschaftsmitglied Max Warburg gehört. Dieser plädiert für die Gründung einer „Überseeuniversität", die zwar Unabhängigkeit besitzen, aber kontinuierlich von einem „kaufmännischen Beirat" beraten werden solle: eine Vorstellung, die bei den Verfechtern akademischer Selbständigkeit naturgemäß auf Widerstand stößt.

Senatssyndikus Hermann Albrecht fasst es Anfang Januar 1912 so zusammen: „und da scheint es mir so zu liegen, daß unser Vorlesungswesen, unsere Wissenschaftlichen Anstalten und unser Kolonialinstitut vor allem bis zu einem gewissen Grade ent-

Das Vorlesungsgebäude auf der Moorweide

wickelt sind, dass einerseits in finanzieller und materieller Beziehung nicht mehr viel an der Universität fehlt, andererseits aber gerade das fehlt, was sie auf die Dauer zu existenzberechtigten und lebensfähigen Gebilden macht, nämlich die Zusammenfassung des Ganzen zu einer geistigen Einheit und die Studenten". Wenn dies nicht gelänge, bräche das Kolonialinstitut zusammen, die tüchtigen Professoren liefen weg, die Wissenschaftlichen Anstalten verkümmerten. „Es kommt dann eben dahin, daß das ganze von uns in diesen Dingen investierte Kapital sich als nutzlos verwandt darstellt."[103]

SEINEN möglichen Beitrag zu einer solchen Universität sieht Aby zu diesem Zeitpunkt, wie er dem Bruder immer mal wieder erläutert, in einer „kolonialwissenschaftliche[n] Beobachtungsstation", deren besonderen Zwecken nach jeder Richtung hin entsprochen werden könne, sobald der „Beobachtungspanzerturm drehbar" gemacht werde, „d. h. wenn die Klassische Kultur competente Vertreter findet: ohne diese ist gerade das Leben der Gegenwart in ‚wilden Ländern' ganz unverständlich: afrikanischer Aberglauben ist eben z. T. altantikes Erbgut (ich habe ja oft davon erzählt), und die Unbildung des Hamburgers – anderen Ländern gegenüber – kommt eben daher, daß der heimatseelige Dilettant den kritischen Maßstab, die Aufklärung, die die antike Kultur jeder historischen Betrachtung bringt, entbehrt."[104] Er weiß, daß er den Hamburgern höchstens mit dem Motto „Bildung schadet nichts" kommen kann. Dem in akademischen Fragen unerfahrenen Max rät er dringend dazu, das Recht zur Promotion mit der Bedingung zu verknüpfen, daß der Doktorand auch einige Semester an der Universität studiert hatte: „die Doktorarbeit kann nicht irgendwo zum Schluß gemacht werden, sondern ist – bei der philosophischen Facultät das Endproduct der Zusammenarbeit zwischen Lehrer und Schüler". Gar nicht einverstanden ist Aby mit Max' Wunsch, der Hamburger Universität auch eine Theologische Fakultät anzugliedern: „Bedenke doch, dass wir in der glücklichen Lage sein können – was keine Universität in Deutschland kann – uns vom Einfluss des Klerikalismus, der alles wissenschaftliche spaltet, freizuhalten!! Die Idee von einer theologischen Facultät darfst Du nicht in die Discussion werfen ohne Deine vorzügliche sonstige Situation ganz ernsthaft zu gefährden."[105]

ABY selbst ist grundsätzlich durchaus bereit, in dieser Universität eine aktive Rolle zu spielen: „Würde mir nun," so heißt es 1911 in einem Brief an den in Hamburg schon bestallten Historiker Erich Marcks, „falls man überhaupt daran denkt, mich etwa als Hon. Professor einzugliedern (wie es nach Ihrer freundlichen Idee möglich wäre) die alleinige Vertretung der Kunstwissenschaft in der Facultät zufallen, d. h. würde ich ord. Hon. Prof. mit Sitz und Stimme in der Facultät werden können? Oder müßte ich mir etwa mit den Museumsdirectoren in die Facultätsgeschäfte theilen? Sollte letzteres geplant sein, so würde ich bitten, gütigst von mir absehen zu wollen: ich wäre dadurch verhindert, mein bestes autoritativ zu vertreten, ohne auf Reibungswiderstände zu stossen, die zu überwinden mich zu viel Energie – dazu noch ohne Aussicht auf Erfolg – kosten würde."[106] Wie auch immer – im Februar 1912 erhält Aby vom Senat in Anerkennung seiner kunstgeschichtlichen Vorlesungen und der Ablehnung des Rufs nach Halle den Professorentitel verliehen, „was mir für meine Mutter", so berichtet er einem Freund, „die sich z. Zt. an der Riviera in Cap d'Ail befindet Spass machen soll. Auch mir ist es zur Erleichterung meines ganzen Betriebes recht willkommen."[107]

WAS hat die Kunst mit dem wirklichen Leben zu tun? Diese Leitfrage wird 1912 erneut ein Thema, das beide Brüder in einem Projekt zusammenbringt: die HAPAG-Imperator-Affäre.[108]

EINE weite Seereise auf einem der Schiffe der „Hamburg-Amerikanischen Packetfahrt-Aktien-Gesellschaft" hat Aby zwar im Leben nicht unternommen, sein maritimer Aktionsradius blieb auf die regelmäßig aus Heuschnupfen-Gründen nach Helgoland unternommenen Schiffstouren beschränkt. Aber er muss doch die Kreuzfahrtschiffe Ballins gekannt, vielleicht im Hamburger Hafen besichtigt haben, denn immer mal wieder kritisiert er die Ausstattung der Schiffe in einem falschen Louis XIV.-Stil. Max, der Hapag-Schiffe von Seereisen her kennt, scheint mit ihm einer Meinung zu sein. Er gewinnt Ballin 1912 dafür, seinen Bruder zum künstlerischen Berater des neuen Flaggschiffes „Imperator" zu machen; das Schiff soll ein schwimmendes Luxus-Hotel werden und damit auf der Nordatlantikroute gegenüber der britischen Konkurrenz neue Maßstäbe setzen. Der „Imperator" ist eine patriotische, eine nationalistische Unternehmung. Name und Galionsfigur – ein aggressiver, bekrönter Adler, der auf einer Kugel sitzt – sind als überdeutliches politisches Statement und als Referenz an Wilhelm II. zu verstehen. Fotos vom Stapellauf am 23. Mai 1912 zeigen einen festlich gewandeten Max Warburg neben Ballin und dem Kaiser. Aby jedoch scheitert mit seiner Mission. Die vorgesehenen Bilder sortiert er als „frechen Kitsch" und „Theatervedute zweiten Ranges" aus und bestellt bei als fortschrittlich geltenden Hamburger Malern wie Paul Kayser, Friedrich Lissmann und Hermann Bruck neue Gemälde. Als jedoch Ballin eigenständig die Maler Ascan Lutteroth und Friedrich Schwinge beauftragt, quittiert Aby enttäuscht sein „Amt".[109] In seiner Antwort auf einen Brief Ballins, der ihm offenbar ein Honorar und/oder eine Anstellung in Aussicht gestellt hatte, heißt es am 10. Juli 1913: „Hochverehrter Herr Ballin, (…) Ich sehe meine Dienste als vollständig dadurch kompensiert an, dass eventuell Bruck einen zweiten Versuch machen darf und Lutteroth für den Imperator nur als Provisorium anzusehen ist. Es ist für mich bisher und auch weiterhin unbedingt selbstverständlich, dass ich die Beraterschaft rein ehrenamtlich ausgeführt habe, das war die einzigste Bedingung, die ich meinerseits daran knüpfte, als Max mich fragte, und die er Ihnen auf meinen ausdrücklichen Wunsch vorgetragen hat. – Da Sie sicherlich mit dem Angebot der Stelle mir eine Freude machen wollten (und es hat mir auch sehr gut getan), so bitte ich Sie, mir unter allen Umständen die Befriedigung zu lassen, etwas nur ehrenamtlich nicht ganz gut gekonnt zu haben. Wollen Sie mir aber noch einen Extragefallen tun, so lassen Sie dem jungen Lissmann die Möglichkeit, für die Kuppel des Speisesaals in der Vaterland [das zweite Schiff der „Imperator-Klasse", KM] einen Entwurf unter den von mir vorgeschlagenen Bedingungen einzureichen."[110]

Max jedoch, der vielleicht auch für den schwierigen Bruder eine Beschäftigung sucht, gibt nicht auf. Am 18. September 1913 schreibt er Aby, der sich gerade zur Kur im Sanatorium Dr. Heinsheimer in Baden-Baden befindet, einen Brief: „Lieber Aby! Es wird Dich freuen zu hören, dass es mir gelungen ist, Ballin dazu zu bringen, ein Schiff dem deutschen Kunstgewerbe für die Herstellung der Inneneinrichtung zu verschreiben. (…) Das von Ballin in Aussicht genommene Schiff der Barbarossa-Klasse (Ostasienfahrt) war aber schon zu weit fortgeschritten, um in der von den Herren gewünschten Weise eingerichtet zu werden. Vielleicht wird es Prof. Schumacher gelingen, endlich unser Ziel zu erreichen." Unser Ziel – zur Phalanx aus Aby und Max ist nun auch Baudirektor Fritz Schumacher gestoßen. Aber „das Schlimme ist nur, dass Ballin gegen alles Systematische, seiner natürlichen Anlage nach, Front macht. Auf alle Fälle aber sind wir einen guten Schritt in der Tendenz weitergekommen. Du siehst, daß man garnicht so zu schimpfen braucht, wie Du es immer tust, um die Welt zu verbessern."[111] Handschriftlich setzt er hinzu: „Bruck hat den Auftrag bekommen, ein neues Bild zu malen" – der große Reeder ist somit zu Kompromissen bereit.

Es darf trotz der weitgehend auf Hamburg ausgerichteten Perspektive dieses Buches nicht unerwähnt bleiben, dass sich Aby in jenen Jahren auf dem internationalen kunsthistorischen Parkett ein eindrucksvolles Renommee erwirbt. Er erregt Aufsehen mit Arbeiten zu ungewöhnlichen Themen wie „Arbeitende Bauern auf burgundischen Teppichen" oder, noch avantgardistischer, „Luftschiff und Tauchboot in der mittelalterlichen Vorstellungswelt". Er ist Mit-Organisator des Internationalen Kunsthistorikertages in Rom 1912 und hält auf diesem am 19. Oktober auch selbst einen Vortrag. Dieser ist in die Geschichte der Kunstgeschichte deshalb eingegangen, weil er nachweist, wie man mit einer neuen Methode, von einem veränderten Blickwinkel

Aby und Sohn Max Adolph im Arbeitszimmer in der Heilwigstraße

aus ganz konkrete Fragen zu lösen vermag, auf die es bis dahin keine Antworten gab: Bislang unverständliche, nicht gedeutete Renaissance-Fresken im Palazzo Schifanoia in Ferrara ergeben nun einen Sinn. Aby denkt in neuen, weiteren Räumen. In der Nachfolge Lamprechts, Riegls, von Falkes betrachtet er „Antike, Mittelalter und Neuzeit als eine zusammenhängende Epoche" und „die Werke freiester und angewandter Kunst als gleichwertig". Für die akademische Kunstgeschichte gilt vor allem Letzteres als Regelverstoß.[112] Der 19. Oktober 1912 wird zur Geburtsstunde der Methode, Bilder zu „lesen", der Ikonologie.

IN Hamburg dagegen ist 1913 die Universitätsfrage völlig ins Stocken geraten. Im Sommer lehnt die Bürgerschaft einen entsprechenden Antrag ab. Max und Aby müssen sich zunächst geschlagen geben. Dennoch erreicht Aby in dieser Zeit ein wichtiges Zwischenziel. Seine ursprünglich private Studiensammlung hat sich in eine halböffentliche Institution verwandelt.

Es gibt Öffnungszeiten, es gibt Mitarbeiter, und es gibt einen Namen – K.B.W., Kulturwissenschaftliche Bibliothek Warburg. In den „Aussendungen der Hamburger Oberschulbehörde" ist zu lesen: „Kulturwissenschaftliche Bibliothek Warburg. Prof. Dr. phil. A. Warburg, 114 Heilwigstrasse. Aus einer mit Abbildungssammlung verbundenen Handbibliothek zur Untersuchung der Frage nach dem Einflusse der Antike auf die

Kunst der italienischen Renaissance entstanden, wird die K.B.W. seit 1902 auf breiterer Grundlage systematisch zu einer Studienstätte für Kulturwissenschaftliche Ikonologie (unter besonderer Berücksichtigung der Verkehrsprobleme auf dem Gebiete internationaler Bilderwanderung) ausgestaltet; wissenschaftlichen Benutzern steht die Bibliothek werktäglich Nachm. 5–7 offen. Buchbestand 1914: etwa 18.000 Bde. Jährl. Zugang etwa 1.000 Nrn. Wissenschaftliche Hilfsarbeiter: Dr. phil. Wilh. Printz. Dr. phil. Fritz Saxl."[113] Bedeutsam ist vor allem die Nennung Fritz Saxls, des aus Wien stammenden Kunsthistorikers, dem er im Januar 1914 eine Stellung angeboten hatte und der zu Abys engstem Mitarbeiter werden sollte.

84 *Beit ist Hamburg immer verbunden geblieben. 1890 etwa baute er für seine Mutter im Mittelweg 1913 ein Haus und 1905/06 konnte ihn Lichtwark gewinnen, die Kosten für Liebermanns umstrittenes Gemälde „Der Hamburger Professorenkonvent" zu übernehmen. Vgl. Albrecht, Beit, S. 96, 110.*
85 *Vgl. Ahrens, Stiftungsprofessur.*
86 *Warburg, Bildniskunst, S. 69.*
87 *Wohl Heinrich Embden, Neurologe, Facharzt für Nerven- und Geisteskrankheiten in Hamburg und Hausarzt der Familie Aby Warburg.*
88 *Max an Aby Warburg, 10 Oktober 1907: WIA, FC.*
89 *Ruppenthal, Kolonialismus.*
90 *Michels, Bannkreis, S. 61.*
91 *Aby an Max Warburg, 22. Januar 1909: WIA, III.26.3.*
92 *Das neue Haus: Ebd., III.25.6.*
93 *Warburg, Pflichten, S. 305.*
94 *Chernow, Die Warburgs, S. 166 f.*
95 *Schäfer, Bibliothek, S. 119 f.*
96 *Ebd., S. 115.*
97 *Warburg, Wandbilder; siehe auch Warnke, Kunstgeschichte.*
98 *Vgl. auch Russell, Tradition, S. 165.*
99 *Aby an Max Warburg, 25. September 1911: WIA, IV, 153.*
100 *Melle, Jahre, S. 90 f.*
101 *Warburg, Aufzeichnungen, S. 31 f.*
102 *Aby Warburg an Friedrich Bendixen, 1911: WIA, IV, 30 f.*
103 *Warburg, Aufzeichnungen, S. 89.*
104 *Ebd.*
105 *Aby an Max Warburg, 1. Oktober 1911: WIA, IV, 159-160.*
106 *Aby Warburg an Erich Marcks, 23. Dezember 1912: Ebd., 424.*
107 *Aby Warburg an Victor Goldschmidt. 20. Februar 1912: Ebd., GC.*
108 *Vgl. Russell, Tradition, S. 168 ff.*
109 *Michels, Bannkreis, S. 69 f.*
110 *Aby Warburg an Albert Ballin, 10. Juli 1913: WIA, GC.*
111 *Max an Aby Warburg, 18. September 1913: Ebd.*
112 *Zitiert nach: Michels, Bannkreis, S. 77 f.*
113 *Ebd., S. 81.*

[6]

1918: „Unser Krieg“ und „die Judenfrage“

Am 1. August 1914 erklärt Deutschland Russland den Krieg. Der zu diesem Zeitpunkt 48 Jahre zählende Aby wird aufgrund seines Alters nicht mehr eingezogen, Max ebensowenig. Die Bank, die in den letzten Jahren glänzende Geschäfte gemacht hatte, entwickelt als erste ein Hilfskassen-Projekt, aus dem in Schwierigkeiten geratenen Firmen und Gewerbetreibenden Kredite gewährt werden konnten. Auch ist sie an der Gründung einer Seeversicherungsgesellschaft und einer Kriegsmetallgesellschaft beteiligt. Zusammen mit Syndikus Carl Melchior und Albert Ballin gründet Max die (später halb-staatliche) Zentral-Einkaufsgesellschaft, über die aus neutralen Staaten und besetzten Gebieten Lebensmittel eingeführt werden. Persönlich gut vernetzt, wird Max vom Auswärtigen Amt ins neutrale Schweden geschickt, um das Land für die deutschen Ziele zu gewinnen; er resigniert jedoch angesichts der Naivität und Schwerfälligkeit der deutschen Außenpolitik. 1915 siedelt Bruder Fritz (dessen Frau Anna, geb. Warburg in Schweden aufgewachsen war) mit Familie ganz nach Schweden über, mit der ebenfalls offiziellen Aufgabe, von dort für die Verbesserung der Lebensmittel- und Brennstoffsituation des blockierten Deutschland zu sorgen. Was die persönliche und manchmal auch politische Situation der Warburgs erschwert, sind ihre engen familiären Verbindungen zum potentiellen Kriegsgegner Amerika. 1916 muss Max einsehen, dass das finanzielle Schicksal seiner Firma vom politischen Schicksal Deutschlands abhängt. „Sollte Deutschland den Krieg verlieren und die Reichsbank nicht in der Lage sein, ihre Garantien uns gegenüber einzulösen, dann wird uns nichts übrig bleiben, als eine Annonce folgenden Wortlauts in die Zeitung zu setzen: ‚Auf dem Felde der Ehre stellten ihre Zahlungen ein M. M. Warburg & Co.‘“[114]

Aby versucht, das Kriegsgeschehen intellektuell, als Wissenschaftler zu bewältigen: Er legt – wie viele seiner Zeitgenossen – ein Zeitungsausschnitt-Archiv an, und er gibt eine Zeitschrift heraus. Die Sammlung von Zeitungsausschnitten auch ausländischer Organe soll der Wahrheitsfindung dienen. Wem kann man glauben, was ist Propaganda, was Tatsachenbericht? Das Stigma der „falschen“ Geburt scheint von ihm, wie von so vielen Juden in den ersten Kriegsmonaten, abzufallen. Einer seiner Zettelkästen wird mit „Unser Krieg“ betitelt. Andererseits will auch er, wenn schon nicht an der Front, mit seinen Mitteln einen patriotischen Beitrag leisten. Inzwischen hat er sich zum radikalen Parteigänger der „deutschen Sache“ entwickelt. In offiziellen Auftrag entwickelte er ein neues Propaganda-Organ, die „Rivista“. Mitstreiter sind Thilenius und der italienisch-deutsche, am Kolonialinstitut tätige Phonetiker Giulio Panconcelli-Calzia. Die eher chauvinistische als völkerverbindende Zeitschrift will durch Beiträge, vor allem aber eine üppige und gezielte Bildauswahl „einen unmittelbaren Eindruck von Deutschlands Kultur im Kriege“ geben; nach zwei Nummern wird sie eingestellt.[115]

MITTE 1916 ist es erneut die „Judenfrage“, die Aby und Max, um den militärischen Ton jener Jahre aufzugreifen, zu einer Phalanx zusammenschmiedet. Zwar hatte Wilhelm II. bei Kriegsbeginn einen „Burgfrieden“ ausgerufen, der auch die jüdischen Deutschen einbezog: „Ich kenne keine Parteien mehr, ich kenne nur noch Deutsche! (…) ohne Parteiunterschied, ohne Stammesunterschied, ohne Konfessionsunterschied.“ Viele Juden begrüßen begeistert diese erste wirkliche Chance zur völligen Integration und melden sich freiwillig zum Kriegsdienst; in den ersten Kriegsmonaten wird jüdischen Soldaten sogar die Beförderung in den Offiziersrang ermöglicht. Sehr bald aber schlägt die Stimmung um, und in Militär und Presse setzt eine massive antisemitische Hetzkampagne ein. Unter ihrem Druck gibt Walter Rathenau schon im März 1915 sein Amt im Kriegsministerium auf. Juden werden als „Drückeberger“ verunglimpft – und für die Notlage der Bevölkerung verantwortlich gemacht. „Jüdische Verfilzung“ ist wieder ein beliebtes Schlagwort, und damit ist auch „das System Ballin-Rathenau“ gemeint. Max gerät so ganz direkt in die Schusslinie der Antisemiten. Er reagiert mit der Erstellung einer Denkschrift über „Die Judenfrage im Rahmen der deutschen Gesamtpolitik“, die zahlreichen Persönlichkeiten des politischen Lebens überreicht wird.[116] Co-Autor ist, wie die im Londoner Archiv erhaltenen Briefe aus jener Zeit belegen, Bruder Aby. Schärfer im Ton, aber in der Sache genauso entschlossen, trägt er zum Text das Seine bei – „Das ist doch ganz selbstverständlich, daß ich Korrekturen nicht übel nehme!“, lässt der jüngere Bruder den älteren wissen.[117]

WAS steht in diesem Text?[118] Zunächst einmal schreibt der Autor „nicht als Jude“, sondern als „Deutscher jüdischen Glaubens“; seine Initiative dient nicht der Verbesserung der jüdischen Lebensbedingungen, sondern dem Wohl des Staates. Es geht – immer noch aktuell – um die Frage der Ehrenstellung des Reserve-Offiziers und die Frage, warum Juden in Deutschland zwar Richter, aber niemals Staatsanwalt werden können. Es geht um Neid und Taufzwang, um Toleranz und Gerechtigkeit. An zahlreichen Beispielen gibt Max Einblick in das bittere Erleben jüdischer Deutscher. Wenn es gelänge, so sein Appell an die politisch Verantwortlichen, diese nicht mehr als unerwünschte Minderheit zu behandeln, könne das Deutsche Reich auch außenpolitisch immensen Gewinn daraus ziehen. „Die Lebensfrage lautet: Wie machen wir jeden einzelnen Bürger zum nützlichen und freudigen Mitkämpfer in Krieg und Frieden?“ „Als Mitglied einer Familie“, so lautet der Schluss, „die väter- und mütterlicherseits seit 300 Jahren nachweisbar in Deutschland gelebt hat, die für die geschäftliche Entwicklung Deutschlands ehrlich und erfolgreich mitgewirkt hat, für Kunst, Wissenschaft und Wohltätigkeit ihr ehrlich Teil beigetragen, ihre Blutopfer in dem Kriege 1870/71, wie in dem jetzigen gebracht hat, muß ich ohne falsche Bescheidenheit und ohne falschen

Stolz, als Deutscher auf diese Gefahr aufmerksam machen. November 1916, M. W.".

Zwar wiegelt der grundsätzlich optimistische Max in einem Brief an Aby vom 13. Juni 1916 noch ab: „Ich nehme alle diese Dinge sehr kühl; ein zweijähriger Krieg, insbesondere wenn er schlecht verfuttert wird, kann nur schlechte Leidenschaften hervorrufen. Das geht auch wieder vorüber."[119] Aber seiner an die Vernunft appellierenden Denkschrift merkt man die emotionale Intensität, mit der sie verfasst wurde, noch heute deutlich an. Denn mit dem Schwinden der Kriegshoffnung wird im Deutschen Reich vermehrt nach Schuldigen Ausschau gehalten; als Sündenbock eignet sich, wie so oft in der Geschichte, eine Minderheit – die Juden. Der Ernst der Lage wird Max spätestens im Oktober desselben Jahres deutlich, als der preußische Kriegsminister Adolf Wild von Hohenborn eine „Judenzählung" anordnet. Mit ihr soll der Anteil der Juden an allen Soldaten des deutschen Heeres ermittelt und somit – vorgeblich – dem Vorwurf entgegengetreten werden, sie würden sich mit dem Argument kriegswichtiger Tätigkeit bevorzugt vom Heeresdienst befreien lassen. Ein immer aggressiverer Antisemitismus steigt aus den Tiefen der Gesellschaft an ihre Oberfläche. Diskriminierungen und extreme Demütigungen der jüdischen Soldaten sind die Folge. Die Ergebnisse der „Judenzählung" wird man bis Kriegsende geheim halten, was Gerüchten schlimmster Art neue Nahrung gibt. Gleichzeitig ist klar, dass damit alle Integrationsbemühungen im Kaiserreich gescheitert sind; Antisemitismus ist staatlich sanktioniert. Einzig der Nationalliberale Gustav Stresemann, der sich zunächst für eine „offene Klarstellung" und damit für die Zählung ausgesprochen hatte, warnt 1917 öffentlich vor der Gefahr einer uneindämmbaren antisemitischen Bewegung. 1922 wird eine Untersuchung ergeben, dass der Anteil der zum Kriegsdienst eingezogenen Juden proportional dem der Nichtjuden entsprach. – Bemerkenswerte Reaktionen sind auf Max' Schrift über die „Judenfrage" nicht bekannt. Als er versucht, nach der Absetzung Wild von Hohenborns Ende Oktober 1916 mit dem neuen Kriegsminister Hermann von Stein ins Gespräch zu kommen, hält dieser ihm einen Vortrag über Heinrich Heine als „vaterlandslosen Gesellen".

Im gleichen Jahr, im Oktober 1917, erhält Aby von einem Verwandten seiner Frau, dem Diplomingenieur Hans Hertz, einen Zeitungsausschnitt zugesandt, in dem die Familie Warburg verunglimpft und behauptet wird, sie sei auch mit Max Liebermann verwandt. Gravierender aber ist ein zweiter Punkt: Er läuft auf die aus Verschwörungstheorien und Verdrehungen historischer Tatsachen zusammengebastelte Verleumdung hinaus, Warburgs seien schuld daran, dass Amerika in den Krieg eingetreten sei und damit auch, dass Deutschland diesen verloren habe. Wie immer, wenn Aby sich im Familien- oder Freundeskreis äußert, reagiert er scharf: „Über das Gespräch, das mein Bruder mit Protopopoff [dem damaligen russischen Innenminister Alexander Protopopov, KM] führte, darf in Kriegszeiten von uns nichts gesagt werden. Das wissen die Schweine. Ein Ersuchen um Richtigstellung an das Blatt oder die Blätter wird unsererseits kaum erfolgen. Die deutschen Ehrabschneider müssen erst tiefer im Sumpf sitzen, ehe man ihnen zu Leibe gehen wird. Was mich betrübt, ist nur, daß die gewissenlosesten, dümmsten und gefährlichsten

Journalisten sich als Vaterlandspartei aufspielen dürfen, ohne daß sich im Jubiläumsjahr Luthers ein rechter deutscher Mann findet, der das Buch von dem freien Gewissen des Zeitungsmenschen wider jeden Kapitalismus rechts und links zu schreiben wagt."[120]

In der gemeinsam verfassten Denkschrift ist es Aby wichtig, auf das Engagement der Familie nicht nur für soziale Belange und Kunst, sondern auch für die „Wissenschaft" hinzuweisen. Dahinter verbirgt sich nicht nur ein dezenter Hinweis auf persönliche Verdienste, sondern auch ein allgemeines Anliegen: Vor dem Hintergrund der identitätsmäßigen Zwickmühle der deutschen Juden erscheint es heute nur allzu nachvollziehbar, dass man in der Verbreitung einer auf Objektivität und Neutralität gerichteten Denkweise eine Lösung sieht – vielleicht war auch dies ein Grund für das überproportional intensive Engagement der Warburgs für eine Universität in Hamburg. Aby selbst gibt dafür eine Probe ab. Während der Kriegsjahre arbeitet er an einer Studie, die 1920 publiziert werden wird: „Heidnisch-antike Weissagung in Wort und Bild zu Luthers Zeiten".[121] Dass sich ein Kunsthistoriker mit religiösen Fragen und ein Jude mit Luther befasst, muss damals exzentrisch gewirkt haben – zumal Aby nicht etwa den bekannten Antisemitismus Luthers behandelt, sondern diesen im Gegenteil als rational denkenden Kämpfer gegen primitives Denken würdigt: vielleicht ein Reflex seiner unmittelbaren Umgebung, denn Aby hat ja in eine sehr protestantische Familie eingeheiratet, und er wird sich auf dem Ohlsdorfer Friedhof auch in ihrem Grab, nicht etwa auf dem jüdischen Teil des Friedhofs, begraben lassen. Abys um sein Lebensthema, den Zwiespalt zwischen Ratio und Aberglauben kreisende Studie hat einen Subtext. Dieser verrät sich gleich eingangs, als von der „Unfreiheit des abergläubigen modernen Menschen" die Rede ist. Aberglaube, magisches Denken, das Vertrauen auf die Sterne und das eigene Horoskop durchzieht, so seine Beobachtung, die Menschheitsgeschichte bis in die Gegenwart. Selbst im Umkreis Luthers, in dem eigentlich das Vertrauen auf Gott die oberste Maxime hätte sein müssen, ist die Sternengläubigkeit nicht ausgerottet. Zu allen Zeiten besteht die Gefahr eines Rückfalls in die Irrationalität. Immer wieder hat dieses irrationale Denken eine Diskriminierung der Juden ausgelöst: Im Mittelalter hat man ihnen den Ausbruch der Pest – „Brunnenvergiftung" – in die Schuhe geschoben. Jetzt gerade macht man sie für die sich abzeichnende militärische Niederlage verantwortlich. Der dieser Auffassung zugrunde liegenden, latenten Schicksalsgläubigkeit setzt Aby die historische Wiederbelebung des Humanismus und einen virtuellen „Denkraum" entgegen. Dieser entsteht aus der Einnahme einer anderen, weiter vom Objekt entfernten Perspektive. Erst aus der Distanz, so seine Überzeugung, aus Logik und dem Versuch, Phänomene in Begriffe zu fassen, entsteht die Möglichkeit objektiver Wahrnehmung und, so darf man folgern, vernunftgeleiteten Handelns.

Es wundert angesichts dieser Hoffnung auf die Wissenschaft nicht, dass sich Aby mehr denn je für die Etablierung einer Hamburgischen Universität bemüht. Seit 1916 ist er im Kuratorium der Hamburgischen Wissenschaftlichen Stiftung. Inzwischen hat sich seine Einstellung geändert – er plädiert nun für eine Hochschullandschaft aus selbständigen Forschungsinstituten plus Universität. „Hochverehrte Magnifizenz!", so schreibt er am 24. Dezember 1917 an von Melle, „Nach meiner Darstellung der Sachlage könnte ich zur Klärung der Meinungen inbezug auf die Universitätsfrage dadurch beitragen, dass ich einige Herren einmal an meiner Bibliothek zeige, was ein Forschungsinstitut ist (Anlage, Aufbau, Hilfskräfte, Kosten) und warum gerade ich, der wohl am frühesten hier in Hamburg von der Notwendigkeit der Forschungsinstitute auf geisteswissenschaftlichem Gebiete innerlich überzeugt war und tatsächlich (seit 1906) geschaffen hat, doch zu der Ueberzeugung gekommen bin, dass ohne Universität ein Forschungsinstitut nicht als lebendiger Organismus in den Gesamtkreislauf der deutschen Kultur einmünden kann, und dadurch vor der Gefahr steht, provinzial zu verkümmern."[122]

DER Kriegseintritt der USA im Jahr 1917 wird von der Familie, deren Mitglieder sich nun als „Feinde" gegenüberstehen, als unerträgliche Belastung empfunden. Bruder Felix muss – als amerikanischer Staatsbürger – die Familienfirma verlassen. Der Briefkontakt bricht völlig ab, persönliche Nachrichten werden von einem Zensor abgefangen. Max leidet unter der Verblendung der Verantwortlichen, die den bereits verlorenen Krieg bis zur Hoffnungslosigkeit fortführen. Als sich im Oktober 1918 die völlige politische Wende abzeichnet, die der Krieg nach sich ziehen würde, wird Prinz Max von Baden als Reichskanzler ins Spiel gebracht. Er wiederum bittet Max um seine Mitarbeit in der Regierung. Dessen Reaktion zeugt von Illusionslosigkeit: „In meiner Antwort sagte ich ohne Zögern, daß ich mich ihm gern zur Verfügung gestellt hätte, aber ich kenne die Deutschen und wisse, daß sie nie und nimmer einen jüdischen Finanzminister hinnehmen würden."[123] Am 9. November verkündet Reichskanzler Max von Baden den Thronverzicht Wilhelm II. In Hamburg übernehmen die Sozialdemokraten, kontrolliert von einem „Arbeiter- und Soldatenrat", die Regierung. Senat und Bürgerschaft sind abgesetzt. Ende 1918 tritt Max in die liberal-konservative Deutsche Volkspartei, die Partei Gustav Stresemanns, ein. Am 9. November stirbt – für Max ein furchtbarer Schlag – Albert Ballin, vermutlich an einer Überdosis seiner Medikamente. Und während Max aufgefordert wird, als Vertreter des Reichsschatzamtes an den Friedensverhandlungen teilzunehmen, versinkt Aby in einer schweren Schizophrenie.

SCHON länger hatten Phobien, Zwangsvorstellungen und Wahnideen Aby und seine Umgebung auf das heftigste tyrannisiert. Im Herbst 1918 droht er, seine Familie und sich selbst mit einem Revolver zu töten. Die in der Krankenakte angegebene Begründung lässt im nachhinein aufhorchen: „Er meinte, seine Familie, seine Frau, die drei Kinder würden von unbekannten Verfolgern entführt, verschleppt, gefoltert und getötet werden."[124] Aby, der Künstlern ohne weiteres „seismographische" Fähigkeiten attestierte, scheint hier selbst von schlimmen Vorahnungen überfallen zu werden: Wenige Jahre später wird sein Bruder Max einem Mordkomplott nur knapp entkommen können. Nun ist jedenfalls allen Beteiligten deutlich, dass eine längere psychiatrische Behandlung unumgänglich ist. Am 2. November 1918 bringen ihn Max und Mary nach Eimsbüttel in die Privatklinik Dr. Lienau. Im Aufnahmeprotokoll festgehaltene Äußerungen Abys zeigen, dass sein psychischer Ausnahmezustand, seine Zerrissenheit vor allem dem Kriegsgeschehen geschuldet sind: Besonders belastet ihn der Umstand, dass sich nun seine Brüder – die einen in Hamburg, die anderen in den USA – als politische und geschäftliche Feinde gegenüberstehen.[125] Acht Monate verbringt Aby hier, ohne dass sich sein Zustand wesentlich bessert; am 12. Juli 1919 wird er ungeheilt entlassen. Nachdem es zuhause nicht geht, liefert man ihn am 9. Oktober 1919 in die Psychiatrische Universitätsklinik Jena ein, die bis zu seiner Emeritierung im Jahr 1919 Otto Binswanger geleitet hatte. Im April 1921 beginnt Aby eine Behandlung in der von dessen Neffen Ludwig Binswanger geführten Prominenten-Klinik „Bellevue" im schweizerischen Kreuzlingen. „Meine Krankheit besteht darin", so notiert er am 16. Juli 1921 in einem autobiographischen Fragment, „daß ich die Fähigkeit, die Dinge in ihren einfachen Kausalitätsverhältnissen zu verknüpfen, verliere, was sich im Geistigen wie im Realen widerspiegelt, so z. B. mag ich deswegen nur einfache übersehbare Gerichte essen".[126]

Im gleichen Jahr 1918 hatte sich Aby noch einmal deutlich zu Wort gemeldet mit einem Beitrag, der in dem Sonderheft „Zur Universitätsfrage" erschien, das von der Literarischen Gesellschaft zu Hamburg herausgegeben wurde; ihr Schriftleiter war Gustav Schiefler.[127] Anlass war eine heftige Auseinandersetzung um die Gründung der Universität, die mit befremdender Schärfe vor allem in der hamburgischen Presse ausgetragen wurde. Eine Denkschrift vom 15. Mai 1918 ist von verschiedenen Professoren des Kolonialinstituts und des Allgemeinen Vorlesungswesens unterzeichnet; ihr Fazit: Da man sich in Hamburg eine Volluniversität gar nicht leisten könne, entstünde ein Zerrbild, das weder als Forschungsanstalt noch als Lehrinstitut brauchbar sei.[128] Warburgs Entgegnung trägt den ungewöhnlichen Titel „Das Problem liegt in der Mitte" und beginnt mit einer verschachtelt, aber brillant formulierten Aussage: „Die Entwicklung des Universitätsgedankens in Hamburg kann das erfreuliche Schauspiel einer gerade aufsteigenden Linie nicht bieten; neben dem ‚Kolonialinstitut' und der ‚Wissenschaftlichen Stiftung', durch deren Errichtung Hamburg schon 1907 die deutsche Bildung auf neue Bahnen brachte, wurde von manchem die hergebrachte deutsche Universität zunächst wie ein alterndes Erziehungsorgan empfunden, das, bedrückt durch die kräfteverzehrende Lehrpflicht im akademischen Großbetrieb, in steigender Weltfremdheit die auffrischende Berührung mit dem wirklichen Leben mehr und mehr zu verlieren verurteilt schien." Diese Berührung von Wissenschaft und „wirklichem Leben" habe man in Hamburg ja bereits über die Gründung des Kolonialinstituts, Wissenschaftlicher Stiftung und Vorlesungen herstellen wollen – aber im Grunde sei diese Konstruktion so unbefriedigend, dass man neu nachdenken müsse. Goethes „Wanderjahre" zitierend, weist er darauf hin, dass nicht „die Wahrheit" in der Mitte liege, sondern eben das Problem: „In der Mitte bleibt das Problem liegen, unerforschlich vielleicht, vielleicht auch zugänglich, wenn man es darnach (sic) anfängt!" Ohne selbst einen aktiven Lösungsvorschlag anzubringen, gibt Warburg danach die Bahn frei für Beiträge der Professoren Otto Franke, Wilhelm Weygandt, Georg Thilenius, Richard Salomon und Heinrich Winkler (vom Kieler Institut für Seeverkehr und Weltwirtschaft), die unisono für die Gründung einer Universität in

Hamburg argumentieren. 1919 haben Aby und Max dann eines ihrer Lebensziele erreicht: In der ersten demokratisch, nicht mehr nach dem alten Klassenwahlrecht gewählten Bürgerschaft hat die SPD die absolute Mehrheit. Sie beschließt in ihrer dritten Sitzung am 28. März – nun ohne Beteiligung der Wissenschaftlichen Stiftung – die Gründung einer „Hamburgischen Universität".[129]

114 *Warburg, Aufzeichnungen, S. 46.*
115 *Zitiert nach: Michels, Bannkreis, S. 85.*
116 *Vgl. Schoell-Glass, Warburg, S. 133 ff.*
117 *Ebd., S. 137.*
118 *Abgedruckt: Ebd., S. 256 ff.*
119 *Zitiert nach: Ebd., S. 136.*
120 *Vgl. Schoell-Glass, Warburg, S. 178 ff.*
121 *Warburg, Weissagung.*
122 *Aby Warburg an Werner von Melle, 24. Dezember 1917: WIA, GC.*
123 *Warburg, Aufzeichnungen, S. 64.*
124 *Königseder, Warburg, S. 75.*
125 *Marazia; Stimili, Binswanger, S. 213.*
126 *Die Krankengeschichte ausführlich dokumentiert; ebd., S. 99.*
127 *Warburg, Problem.*
128 *WIA, GC.*
129 *Bolland, Gründung, S. 85.*

[7]

Neues Denken – was hat man aus dem Krieg gelernt?

Schon 1918 hat Max' Sohn Erich eine Ausbildung bei der Disconto-Gesellschaft begonnen, wo er, kunsthistorisch vorgebildet durch Onkel Aby und persönlich interessiert, nebenher die Vorlesungen von Adolph Goldschmidt besucht. Auch den ersten Vortrag Albert Einsteins über Relativitätstheorie erlebt er als Hörer – später wird er sich vor allem daran erinnern, dass dieser durch lautstarke Proteste rechtsradikaler Studenten gestört wurde.[130] Inzwischen hat das infame Wort von der „Dolchstoßlegende“ Karriere gemacht – vor allem der SPD und den Juden wird die Schuld gegeben am katastrophalen Ausgang des Krieges. Auf offizieller Ebene kann und will man auf ihre Mitwirkung nicht verzichten: Max wird, ebenso wie der ihm inzwischen als Teilhaber noch enger verbundene Carl Melchior, aufgefordert, an den Friedensverhandlungen teilzunehmen. Melchior übernimmt die Leitung der Finanzdelegation, der auch Max angehört. Am 31. März 1919 reist die deutsche Finanzdelegation nach Frankreich; man quartiert sie nordöstlich von Paris im Château de Villette bei Compiègne ein. Wochenlang lässt man sie unter militärischer Bewachung warten. Schließlich unterbreiten die Alliierten Vorschläge, deren Erfüllung Melchior wie Max unmöglich erscheint. Hellsichtig schreibt er an seine Frau: „Der Welt eine neue Zeit verkünden, von Liebe und Gerechtigkeit sprechen, und dann einen Weltraubzug unternehmen, den Keim zu neuen Kämpfen legen und den Glauben an eine bessere Zeit töten, heißt, die größte Weltsünde begehen, die in nächster Nähe zu erleben entsetzlich ist.“[131] Am 25. April 1919 erlaubt man der Finanzdelegation, nach Versailles zu reisen. Alle deutschen Delegationsmitglieder sind schockiert von der Härte der Reparationsforderungen. Unterstützung erhalten sie von dem englischen Unterhändler John Maynard Keynes, der aus Protest gegen die Vertragsbedingungen von seinem Posten in der Delegation zurücktritt. Am 24. Juni reist die gesamte Kommission zurück nach Weimar, wo die Finanz- und Wirtschaftssachverständigen – unter ihnen Wilhelm Cuno, Ballins Nachfolger bei der HAPAG, und Franz Heinrich Witthoefft, Vertreter der Hamburger Handelskammer – einstimmig empfehlen, die Friedensbedingungen abzulehnen. Doch ihr Votum ist bedeutungslos geworden. Als Max nach vier Monaten wieder in Hamburg eintrifft, verteilt der „Schutz- und Trutzbund“ an der Börse Flugblätter, auf denen er persönlich, paradoxerweise, für die Annahme des „Schmachfriedens“ verantwortlich gemacht wird.[132]

Für Max folgt eine hektische Zeit voller politischer Aktivitäten, Reparationsverhandlungen mit Belgien, England und Holland sowie intensiver Versuche, die galoppierende Inflation aufzuhalten; auch sie wird dem Antisemitismus weiter Auftrieb geben. Im Juli 1920 wird Melchior zu einem der Unterhändler der Konferenz von Spa ernannt, auf der die Frage der Reparationen erneut verhandelt wird. Als dieser sich wie Rathenau und der (nichtjüdische) Bankier Bernhard Dernburg für die Annahme der Kohlenforderungen und damit gegen die drohende Besetzung des Ruhrgebiets ausspricht, lässt Hugo Stinnes das Wort „Rassenabstimmung" fallen. „Er sagte, es seien die jüdischen Experten gewesen, die zum nachgeben geraten hätten. Er veröffentlichte einen Brief, in dem es hieß: ‚eine Anzahl Vertreter in Spa haben aus einer fremdländischen Psyche heraus den deutschen Widerstand gegen unwürdige Zumutungen gebrochen.'"[133]

In Hamburg fällt Max die Verantwortung für die Kulturwissenschaftliche Bibliothek seines erkrankten Bruders zu. Vielleicht nicht nur aus persönlicher Verbundenheit, sondern auch aus Einsicht in die gerade jetzt benötigte kulturpolitische Notwendigkeit dieses Instruments beschließt die Familie ihren Weiterbetrieb auch bei Abwesenheit des Begründers. Schon im November 1919 schreibt Max einen Brief an Fritz Saxl in Wien, in dem er ihn bittet, nach Hamburg zurückzukommen. Am 1. April 1920 wird mit der Firma M. M. Warburg & Co. und Prof. Dr. Aby Warburg der Einstellungsvertrag abgeschlossen.[134] Eine seiner Aufgaben ist es, das Institut, so wie es sich Warburg vor Ausbruch des Krieges gewünscht hatte, mit dem neu gegründeten kunsthistorischen Seminar der Universität zu verzahnen, eine andere, Warburgs Publikationsprojekte auch in dessen Abwesenheit zu betreuen. Die Bibliothek ist noch immer im Wohnhaus untergebracht. „Mein lieber Aby", so schreibt Max dem Bruder am 12. Juli 1921 in die Heilanstalt nach Kreuzlingen: „Mit grosser Freude lese ich jetzt überall anerkennende Worte über Deine Arbeit. Ich nehme an, dass Dir diese Kritiken immer zugesandt werden. Du hast mehr Erfolg in der Wissenschaft als ich in der Praxis, denn mit Logik, Erfahrung und selbst gründlicher Arbeit kommen wir augenblicklich in dieser verrückten Welt doch nicht weiter. (…). Dein treuer Bruder Max."[135]

Aus seinen Zeilen spricht Resignation. Immer wieder bieten wechselnde Mitglieder der Regierung Max sowie Carl Melchior Botschafter- und Ministerposten an – immer wieder lehnen beide ab. Max muss für den Moment einsehen, dass alle Anstrengungen, aller Sachverstand und aller guter Wille den Hass auf die Juden nicht beseitigen können. Zwar gehört er (bis 1925) dem Zentralausschuss der Reichsbank an – aber er muss einsehen, dass man sich als deutscher, erfolgreicher Jude eine exponierte Stellung nicht leisten kann. Aus Sicherheitsgründen vermeidet er jetzt auch den Besuch der Synagoge – und die Hochzeit seiner Tochter Lola mit Rudolf Hahn, einem Bruder des Salem-Begründers Kurt Hahn, findet 1921 im eigenen Hause statt. Er beginnt, sich vermehrt auf internationale und hamburgische Aktivitäten zu konzentrieren. 1921 gründet er, zusammen mit Bruder Paul, in New York die International Acceptance Bank, die den internationalen Handel über kurzfristige Kredite gegen Bankakzepte finanzieren soll. Im November 1921 verleiht man Max in feierlicher, von Orgelklang begleiteter Zeremonie den Ehrendoktor der Hamburgischen Universität.[136]

Während der langen Wochen des Wartens in Château de Villette hatten Max, Melchior und der Diplomat Graf Brockdorff-Rantzau den Plan eines Instituts zur Aufarbeitung der politischen Kriegsursachen entwickelt. Es soll – gegen die Konkurrenz von Berlin, München und Frankfurt – in Hamburg angesiedelt werden. Schon 1918 empfiehlt Max von Melle die Berufung Albrecht Mendelssohn Bartholdys. Der Enkel des Komponisten entstammte einer jüdischen Familie, die drei Generationen zuvor konvertiert war. Albrecht Mendelssohn Bartholdy war Spezialist für Auslandsrecht mit Professur an der Universität Würzburg, dem Kreis um Prinz Max von Baden und Kurt Hahn nahe stehend und mit Max schon zwanzig Jahre bekannt, ist der damals schon hochberühmte Gelehrte derjenige, dem Max die ihm notwendig erscheinende Kriegsursachenforschung zutraut. 1920 wird der Völkerrechtler auf einem für ihn geschaffenen Lehrstuhl für ausländisches Recht berufen; seine Vergütung wird durch einen Zuschuss der Wissenschaftlichen Stiftung aufgestockt.[137] 1921 übernimmt er die Leitung der „Forschungsstelle für die Kriegsursachen" beziehungsweise eines „Archivs für Friedensverträge". Mendelssohn und seine Familie sowie das Archiv sind zunächst in unmittelbarer Nähe von Max, im Haus von Paul Warburg auf dem Kösterberg untergebracht. Im November 1922 bewilligt die Hochschulbehörde das aus diesem Archiv erwachsene Institut für Auswärtige Politik; seine Gründung wird am 31. Januar 1923 von der Hamburgischen Bürgerschaft – gegen die Stimmen der Deutschnationalen – formell beschlossen. Es soll Richtlinien entwickeln für eine dem Frieden dienende Außenpolitik. Max Warburg wird so der Initiator des ersten Friedensforschungsinstituts.

Wie klar Max und Carl Melchior die aktuelle politische Lage einschätzen, zeigt der Fall Walther Rathenau. Dieser war 1921 zum Wiederaufbauminister, im Januar 1922 zum Außenminister ernannt worden – gegen die flehentlichen Bitten seiner betagten Mutter, die von den zahllosen Drohbriefen gegen ihren Sohn weiß. Am 24. Juni 1922 wird Rathenau von Mitgliedern der rechtsextremistischen Terrorgruppe „Organisation Consul" aus einem fahrenden Auto heraus erschossen. Sein Tod erschüttert die junge Weimarer Republik zutiefst – und er hat unmittelbare Auswirkungen auf Max. Denn wenige Tage später erhält er vom Hamburger Polizeipräsidenten eine dringende Warnung: Man wisse, dass auch er auf der Todes-Liste der Attentäter stehe. Er muss untertauchen, zieht, auf Schritt und Tritt bewacht, in die Wohnung seiner Schwägerin Dora Magnus, dann zu einer Cousine, geht für Wochen nach Holland, später für Monate in die USA. Hier gewinnt er Bruder Paul und einige andere – schon für Spenden an die Wissenschaftliche Stiftung herangezogene – jüdische Mäzene dafür, seiner Forschungsstelle für fünf Jahre lang eine finanzielle Unterstützung zuzusagen. „Das Institut", schreibt er Paul am 23. Dezember 1922, „kann ein Kristallisationspunkt von großer Bedeutung werden, und es ist nötig, wenn man die vollkommene Verwirrung sieht, in der sich viele Kreise in Deutschland noch befinden".[138] Es ist auffällig, dass er die gleiche Vokabel verwendet wie sein Bruder knapp zwanzig Jahre zuvor für das von ihm geplante kulturwissenschaftliche Institut – „Krystallisationspunkt".

Max' Ansprache zur Eröffnung des von ihm initiierten Übersee-Club in Hamburg muss am 27. Juli 1922 im Gebäude der

Patriotischen Gesellschaft Oberlandesgerichtsrat Wolfgang Fehling verlesen. Der Übersee-Club, der heute eher gesellschaftlichen Zwecken dient, galt seinen Begründern als politische Notwendigkeit: Dies geht schon aus seinem ursprünglichen Namen (Gesellschaft für wirtschaftlichen Wiederaufbau und Auslandskunde – Überseeklub) hervor. Zwar kreist alles Denken der Beteiligten noch immer um die sogenannte Kriegsschuldfrage – man hofft auf Deutschlands Rehabilitation. Aber eine Lehre, die Max aus dem verlorenen Krieg gezogen hatte, betraf die Kaufmannschaft, die sich, so seine Beobachtung, viel früher und viel intensiver politisch hätte betätigen müssen. Denn deren vitales Interesse am Freihandel sei stets auf einheitliche weltwirtschaftliche und weltpolitische Räume mit für alle gültigen rechtlichen Grundlagen gerichtet. Aus dem Schluss seiner langen programmatischen Eröffnungs-Rede lässt sich erkennen, dass er inzwischen dem international orientierten hanseatischen Kaufmannsgeist mehr zutraut als der deutschnationalen Berliner Denkungsart: „Nicht der Leitsatz der Engländer ‚right or wrong, my country' – alle Mittel, auch die eines Piraten heiligend, soll unser Wahlspruch sein, sondern uns soll der Spruch über dem alten Hamburger Nobistor leiten, der allerdings nur als Wahrzeichen für später uns dienen kann, wenn wahre Freiheit und Gleichheit für alle Völker gilt: ‚Nobis bene, nemini male! (Uns Gutes, niemandem Schlechtes!)'"[139] Für den ersten Vortrag ist – aus Anlass der achten, im Rahmen der Hamburger Übersee-Woche abgehaltenen Tagung des Weltwirtschaftskongresses – John Maynard Keynes eingeladen; er spricht am 26. August 1922, unter rauschendem Beifall, über „The Reparation Police of Germany".

Der Name Max Warburg wird öffentlich nicht mehr genannt: Alle Aktivitäten, mit denen er in Verbindung gebracht wird, geben der antisemitischen Hetze neue Nahrung. Auch das Institut für Auswärtige Politik bleibt nicht verschont: „Dass es von nationalistischer Seite scharfen Angriffen ausgesetzt war, die sich persönlich gegen jeden richteten, der an seinem Werden beteiligt gewesen war, konnte nicht überraschen", wird sich Max Warburg erinnern.[140] Wie sein Bruder Aby setzt auch Max in dieser Situation auf die wissenschaftliche Analyse, auf das „Erkennen von Gesetzmäßigkeiten" als strategische Langzeitmaßnahme zum Erreichen seiner politischen Ziele. Die von beiden ins Leben gerufenen Institute entwickeln sich in symptomatischer Parallelität. Um die Standpunkte der Nachbarländer beobachten zu können, legt Mendelssohn Bartholdy – wie schon Aby Warburg zum Verlauf des Ersten Weltkrieges – eine umfangreiche Zeitungsausschnittsammlung an. Beide Institute treten mit Publikationen und Vortragsveranstaltungen an die Öffentlichkeit: Die von Fritz Saxl in Absprache mit Aby und Max geführte K.B.W. gibt zwei gewichtige Schriftenreihen heraus: die „Studien" und die „Vorträge der Bibliothek Warburg" (ab 1921/22). Wie die Kulturwissenschaftliche Bibliothek lädt das Institut für Auswärtige Politik regelmäßig zu Vorträgen ein, und auch diese werden in Gestalt von Publikationen dokumentiert. Außerdem erscheinen ab 1922 die „Europäischen Gespräche – Hamburger Monatshefte für Auswärtige Politik". Ab 1924 ist das Institut für Auswärtige Politik, das inzwischen auch über eine umfangreiche Bibliothek verfügt, im Turm von Hamburgs „Alter Post" nahe dem

Hamburger Rathaus untergebracht. Sechs fest angestellte Mitarbeiter unterhalten den Betrieb; Mendelssohn Bartholdy selbst wird zu einer der Leuchtturm-Figuren der jungen Universität.

SOWOHL Aby als auch Max dürfen sich nun als Gründer eines wissenschaftlichen Institutes betrachten, das unabhängig arbeiten kann, aber doch eng mit der jungen Hamburger Universität verzahnt ist. Die akademische Kunstgeschichte beginnt inoffiziell, indem die Direktoren der großen Museen, so etwa Gustav Pauli von der Kunsthalle, ab 1919 Lehrveranstaltungen anbieten. Doch schließlich beantragt der studentische Fakultätsausschuss die Anstellung einer kunsthistorischen Lehrkraft. Pauli schlägt den frisch promovierten Erwin Panofsky aus Berlin vor, dessen Dissertation er außerordentlich schätzt. Dieser ist zwar gewillt, doch die Stadt hat eigentlich kein Geld. Panofsky solle, so Paulis Idee, erst einmal mit Vorlesungen beginnen, dafür könne man ihm anbieten, ihn in Hamburg zu habilitieren, sodass er später den noch einzurichtenden kunsthistorischen Lehrstuhl übernehmen könne. So geschieht es – Pauli stellt Räume in der Kunsthalle zur Verfügung, und im Juli 1920 ist Panofsky Privatdozent: ohne Einkommen, aber mit Lehrverpflichtung.[141] Dass die Zugehörigkeit zum Judentum in diesem Moment keinen Hinderungsgrund darstellt, verdankt sich auch dem Umstand, dass die neu gegründete Hamburgische Universität von Traditionen und Rücksichten weitgehend unbelastet agieren kann. Im Oktober 1921 wird er de facto Lehrstuhlinhaber, aber noch immer ohne Gehalt; erst 1926 wird man ihn offiziell zum Ordinarius ernennen. 1922 habilitiert sich auch Fritz Saxl, Aby verleiht man in absentia den Titel Honorarprofessor. Saxl und Panofsky beginnen eine fruchtbare, langjährige Zusammenarbeit, und die K.B.W. versteht sich, was Öffnungszeiten und Bücherbestände sowie -ankäufe betrifft, als Komplementärinstitution zum Kunsthistorischen Seminar. Wesentlichen Anteil an ihrer Fortexistenz haben die „amerikanischen" Brüder Paul und Felix, die der K.B.W. ein Dollarkonto einrichten.[142]

WÄHREND Aby in Kreuzlingen weiter um seine geistige Gesundheit ringt, verhaftet die Münchner Polizei im November 1922 den Initiator der Attentatspläne gegen Max, Hermann Ehrhardt. Max kehrt sofort nach Hamburg zurück. In seiner wieder aufgenommenen Korrespondenz mit Hugo Stinnes formuliert er seinen neu gewonnenen Standpunkt: Die „Judenfrage" sei eine Frage, die überall dort aufkomme, wo Minoritäten lebten. „Ich glaube nur an die Zukunft eines Staates, der alle seine Mitbürger zur Arbeit und Liebe heranzieht, die in der Schicksalsgemeinschaft Jahrzehnte und Jahrhunderte ihre Zugehörigkeit zum Staate bekundet haben. Wer will mir mein Vaterland, mein Zugehörigkeitsgefühl nehmen, wenn ich nachweisen kann, daß meine Familie sowohl väterlicher- wie mütterlicherseits seit über vierhundert Jahren in Deutschland ist, und daß meine Vorfahren die Vergangenheit Deutschlands miterlebt und (an ihr) in verschiedener Weise, wie jeder Deutsche, zu ihrem bescheidenen Anteil mitgearbeitet haben? Diese Schicksals- und Kulturgemeinschaft ist die Grundlage für den Staat."[143]

130 Warburg, Zeiten, S. 61 f.
131 Warburg, Aufzeichnungen, S. 79.
132 Ebd., S. 86 f.
133 Warburg, Aufzeichnungen, S. 90 f.
134 Schäfer, Bibliothek, S. 182 f.
135 Max an Aby Warburg, 12. Juli 1921: WIA, GC.
136 Max an Aby Warburg, 22. November 1921: Ebd.
137 Nicolaysen, Mendelssohn, S. 1.
138 Weber, Rechtswissenschaft, Anm. 72.
139 Übersee-Club, Der Übersee-Club, S. 27.
140 Warburg, Aufzeichnungen, S. 125.
141 Bredekamp, Ex nihilo, S. 31–47; inzwischen ist das Manuskript der Habilitationsschrift im Zentralinstitut für Kunstgeschichte in München aufgefunden worden, vgl. Panofsky, Erwin Panofsky.
142 Vgl. Warnke, Privatbankier, S. 14 ff.
143 Zitiert nach: Hoffmann, Warburg, S. 112.

[8]

Überzeugte Europäer

Schliesslich tritt ein, was Max befürchtet hatte: Deutschland kann die Reparationsforderungen nicht bedienen, und die Franzosen besetzen am 9. Januar 1923 das Ruhrgebiet. Es gilt jetzt als Pfand. Ungedecktes Geld aus der deutschen Notenpresse finanziert den passiven Widerstand, zu dem die Reichsregierung aufgerufen hat. Der daraus erwachsene Geldverfall ist ungeheuer. Sparguthaben werden wertlos, Familien verarmen von heute auf morgen, in der Bank hört die normale Geschäftstätigkeit auf. Immerhin – durch die International Acceptance Bank kann die Hapag gestützt werden. Gemeinsam mit drei anderen Privatbanken gelingt es auch, die Stadt Hamburg so weit zu stützen, dass Löhne und Gehälter gezahlt werden können. Gemeinsam mit einem Konsortium von Hamburger Unternehmen gründet Max die „Hamburgische Bank von 1923", die das erste wertbeständige Geld nach der Inflation herausbringt.[144] Die K.B.W. in der Heilwigstraße wird aus Mitteln der amerikanischen Brüder finanziert. Viele Gelehrte nehmen die Einladung zu Vorträgen auch deshalb gerne an, weil hier noch anständige Honorare gezahlt werden können. Es ist der Nationalliberale Gustav Stresemann, der die Krise bewältigt. Im August 1923 wird er – zwar nur für drei Monate – Reichskanzler, und die von ihm durchgesetzte Währungsreform stabilisiert die Lage schnell. Bis zu seinem Tod 1929 wird er Außenminister bleiben – und wir werden noch sehen, welche Hoffnungen sowohl Max als auch Aby auf ihn setzen.

Aby kann – niemand, auch nicht der Anstaltsleiter Binswanger hatte damit gerechnet – am 12. August 1924 aus der Heilanstalt in Kreuzlingen entlassen werden. Vorausgegangen waren immer wieder wochenlange Besuche von Fritz Saxl, der mit Aby arbeitete, und am 21. April 1923 jener inzwischen legendär gewordene Vortrag über seine fast zwanzig Jahre zurückliegende Reise zu den Hopi-Indianern, der heute unter dem Titel „Das Schlangenritual" bekannt ist. Aby erlebt, ebenso wie die staunenden Ärzte und die gleichermaßen überraschte, brieflich informierte Familie, den Vortrag als eine Selbstbefreiung, die ihm, so wird er jedoch nicht müde zu betonen, nur mit Hilfe der Anwesenheit Fritz Saxls habe gelingen können. Auch der Besuch des inzwischen an der Hamburger Universität lehrenden Philosophen Ernst Cassirer im Frühjahr 1924 wird als ein weiterer Wendepunkt erlebt. Seitdem besteht, so schreibt Aby in einem Brief an die Leiter der Kuranstalt Bellevue, „Hoffnung, daß ich noch eine wirklich tragfähige neue Methode der kulturpsychologischen Geschichtsauffassung skizzieren könnte".[145]

Max dagegen sieht sich gezwungen, seinen Aktionsradius, zumindest nach außen hin, zu verkleinern. „Melchior und ich hielten uns so viel wie möglich von politischer und ehrenamtlicher Tätigkeit zurück. Der Antisemitismus, der immer größere Dimensionen angenommen hatte, gebot Zurückhaltung. Was immer wir vertreten hätten, wir würden immer angeschuldigt worden sein, nur im international-jüdischen Interesse gehandelt zu haben. Ich war froh, im Stillen wirken oder auch nur beraten zu können."[146] Es ist gut nachzuvollziehen, dass er – auch weltanschaulich – nach Neuorientierung sucht. Als überzeugende Alternative zum Nationalismus und zum faktischen Ausschluss von Minderheiten aus der Gesellschaft erscheint ihm in den frühen zwanziger Jahren die Vorstellung eines gemeinschaftlich agierenden Europas von einzigartiger Überzeugungskraft. Sie wird propagiert von dem damals noch nicht dreißigjährigen Grafen Coudenhove-Kalergi. Richard Coudenhove-Kalergi, Sohn eines aus brabantisch-byzantinischem Uradel stammenden Vaters und einer japanischen Mutter, als Österreicher in Böhmen lebend und international gut vernetzt, bringt ideale Voraussetzungen mit für die Entwicklung einer Vision, die er „Paneuropäische Union" oder „Vereinigte Staaten von Europa" nennt. Nur über einen supranationalen, humanistisch orientierten, wirtschaftlichen und politischen Zweckverband, so seine Überzeugung, lässt sich ein erneuter Weltkrieg verhindern. In diesem vereinigten Europa werden Fragen der Rassenzugehörigkeit keine Rolle mehr spielen.[147] Coudenhove-Kalergi wird, aus heutiger Sicht, der Vordenker der europäischen Idee. Max – der homo politicus – stellt Verbindungen für Coudenhove her, empfiehlt ihn an Außenminister Stresemann, spendet regelmäßig Geld für dessen Paneuropa-Organisation und plant mit ihm die Herausgabe einer Zeitschrift.[148] Coudenhove-Kalergi hat nach dem Zweiten Weltkrieg den Erfolg seiner Idee noch erleben dürfen: 1950 erhielt er als Erster den Internationalen Karlspreis der Stadt Aachen. Die heutige Flagge der Europäischen Union und ihre Hymne, Beethovens Ode an die Freude, gehen auf seine Vorschläge zurück.

Bei seiner Rückkehr darf und muss Aby in Hamburg erkennen, dass sich die von ihm gegründete Einrichtung auch ohne seine Anwesenheit bestens entwickelt hat. Seine Eingliederung in den laufenden Betrieb, dem inzwischen auch die Philosophin Gertrud Bing angehört, wird, wie er selbst es einmal formuliert hat, „dornig".[149] Dazu kommen die Probleme, die etwa 20.000 Bücher und das sie verwaltende Personal sowie Besucher inzwischen in einem Familienwohnhaus hervorrufen. Die Lösung liegt nahe – und Aby hatte sie ja schon vor vielen Jahren angesprochen: ein Bibliotheksneubau auf dem Nachbargrundstück. Max sorgt dafür, daß sich alle vier Brüder an dessen Finanzierung beteiligen. Im Mai 1926 kann die Eröffnung gefeiert werden. Entstanden ist ein Klinkerbau, dessen rhythmisierte Fassade ferne Erinnerungen an Fritz Högers Chilehaus in sich trägt. Aby, der es als Symbolforscher gewohnt ist, hinter die Oberflächen der Dinge zu schauen, vermittelt mit der Gestalt seines Bibliotheksgebäudes nun selbst eine Botschaft. Kunstvoll gesetzte Backsteine statt Putz – das erinnert in Hamburg jeden an die offiziellen Bauten von Fritz Schumacher, an die Finanzdeputation oder das Schwesternhaus des UKE. Mit dem von ihm gewählten, kostspieligen Ma-

Das Gebäude der Kulturwissenschaftlichen Bibliothek – Fassade

Der Lesesaal

terial bekennt sich Aby – der übrigens gut und gerne Plattdeutsch beziehungsweise missingsch spricht und mit Schumacher befreundet ist – einerseits zum bodenständigen Hanseatentum. Die eine klassische Tempelfront andeutende Fassade jedoch kommuniziert andererseits das Programm der K.B.W. nach außen: Es geht um das „Nachleben der Antike".

Von außen eher hanseatisch-sachlich, überrascht das Bibliotheksgebäude im inneren mit einem spannungsvollen, ellipsoiden Lesesaal, der in mehrfacher Hinsicht symbolische Bedeutung besitzt. Die Ellipse mit ihren beiden Polen verkörpert Abys Vorstellung vom „ewigen Pendelschlag" der Geschichte. Dem Besucher vermittelt sie das Gefühl, sich in einer „Arena des Geistes" zu befinden. Und schließlich erinnert sie an jenen bedeutungsvollen Moment in der Geschichte der Wissenschaft, in dem Kepler gegen die vorherrschenden Denknormen erkannt hat, dass sich Planeten nicht auf kreisrunden, sondern auf ellipsoiden Bahnen bewegen. Mit dem selbständigen Denken, dem individuellen Erkenntnisvermögen des Menschen beginnt für Aby die Befreiung aus der Irrationalität – und aus jenen geistigen Fesseln, die das Judentum zum ewigen Sündenbock der europäischen Geschichte machen.

Zwar hat Mary im Dachgeschoss ein Bildhauer-Atelier erhalten. Aber Aby, seit seinem frühen Verzicht auf das Erbe unter gewissem Legitimationszwang, sieht seine Institution wie eine Parallele zur Bank.

Während über deren Eingang die Buchstaben „M.M.W. & Co." stehen, wird die Fassade der Bibliothek mit den – allerdings in Backstein ausgeführten – Lettern „K.B.W." versehen. Max hatte kurz vorher das Gebäude in der Ferdinandstraße technisch mit Rohr- und Seilpostanlage sowie einem hauseigenen Telefonnetz aufrüsten lassen: Auch die K.B.W. erhält – etwas überdimensioniert für das relativ bescheidene Gebäude – eine Rohrpostanlage, ein Netz aus 22 Telefonen, dazu zwei Bücheraufzüge sowie ein unter dem Fußboden verlaufendes Bücherförderband. Einen Tresor braucht sie natürlich auch – Max lässt aus der Bank einen großen Safe anliefern, in dem die wertvollsten Bücher und Leihgaben feuer- und diebstahlsicher untergebracht werden können. Die Botschaft ist angekommen: Max vergleicht, loyal wie stets, in seiner Eröffnungsansprache die Bibliothek mit einer „Zweigstelle des Bankhauses M. M. Warburg, die sich kosmischen statt irdischen Aufgaben" widme.

MIT der Aufnahme der Arbeit im neuen Bibliotheksgebäude beginnt Aby das bereits erwähnte Tagebuch, in das auch die beiden Mitarbeiter Saxl und Bing regelmäßig eintragen müssen. Gewisse Namen, gewisse Verweise in eben jenem Journal verraten, wie eng der gemeinschaftliche Einsatz für eine Welt, in der Juden gleichberechtigte Bürger sein können, Max und Aby noch immer verbindet. So erscheint im Oktober 1926 der Name Coudenhove-Kalergis im Tagebuch der K.B.W.: „Paneuropäischer Congress (Coudenhoves Idealismus triumphiert!)."[150] Unter dem 10. November taucht Coudenhoves Projekt erneut auf: „Gerücht, daß die Firma Paneuropa finanziert; schrieb Dr. Harriet Wegener: nächstens meint Frau Monster, daß die Firma die Sonnenflecken finanziert, damit die Orangen in Palaestina wachsen."[151] Mit der „Firma" ist M. M. Warburg & Co. gemeint, die immer wieder in die antisemitische Schusslinie geraten; Dr. Harriet Wegener ist eine Mitarbeiterin am Institut Mendelssohn Bartholdys, der auch selbst gelegentlich in der Bibliothek zu Gast ist.

AUCH in der Hamburgischen Wissenschaftlichen Stiftung sind beide Brüder wieder aktiv. Die Stiftung unterstützt Forschungsreisen und vergibt – trotz Inflation – Druckkostenzuschüsse sowie Mittel zur Anschaffung von Fachliteratur; gelegentlich werden überbrückungsweise auch Witwenrenten aufgestockt. Zahlreiche Anträge kommen aus dem Wissenschaftler- und Stu-

Mary als Bildhauerin.
Die Büste zeigt Lili du Bois-Reymond, geb. Hensel

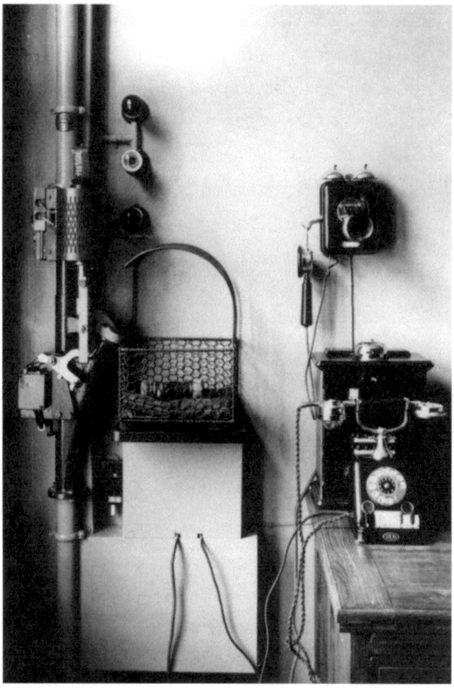

Bücheraufzug, Rohrpostanlage, Telefonautomat und Tresor

dentenkreis um die K.B.W. – die Max durchaus nicht immer befürwortet. Im Verlauf der dreißiger Jahre wird ihre Bedeutung immer größer werden, vor allem für jüdische Professoren und Studenten, die auf eine andere, staatliche Unterstützung nicht mehr hoffen dürfen.

Im September 1926 müssen sich Aby und Max, auch das wird im Tagebuch festgehalten, erneut mit einer direkten antisemitischen Anfeindung befassen. „Erfahre durch Max M. daß Fritsch einen Privatbrief von mir an Hans Hertz vom November 1917 im Hammer März 1926 abgedruckt und der II-Instanz vorgelegt hat um meine ‚Mentalität' zu illustrieren. Der Brief muß im Zusammenhang verstanden sein. Er ist dem verstorbenen Hans Hertz meines Erachtens nach seinem Tode entwendet worden." Es geht um einen 1923 im völkischen Organ „Der Hammer" veröffentlichten, massiv gegen Max gerichteten Artikel, in dem dieser als „Der heimliche Kaiser" und an Deutschlands Niederlage Hauptschuldiger dargestellt wird.[152] Max und Melchior reichten eine Beleidigungsklage ein, der das Gericht 1924 entsprach; es verurteilte den Autor des Artikels, Theodor Fritsch, zu drei Monaten Gefängnis und der Auflage, das Urteil in sieben Zeitungen abzudrucken. Mehrfache Revisionsanträge aber zogen das Verfahren weiterhin in die Länge; 1927 endete es mit einem deutlich abgeschwächten Urteil, das letztendlich auf die Zahlung einer Geldbuße von 1.000,– Reichsmark hinauslief. Bei der Urteilsbegründung wird der oben bereits erwähnte, 1917 an Hans Hertz gerichtete Brief Abys zwar zu einem den Bruder entlastenden Beweisstück – aber allein der Umstand, dass dieser aus dem Nachlass des verstorbenen Hertz entwendet und dem „Hammer" zugespielt worden war, beleuchtet die extrem angespannte Situation, in der sich deutsche Juden im allgemeinen und Warburgs im besonderen in den zwanziger Jahren bereits befinden.

Am 16. April 1925 hält Außenminister Gustav Stresemann im Übersee-Club einen Vortrag. Sein Thema lautet „Politik und Wirtschaft in ihren Weltbeziehungen".[153] Es ist für ihn und seine Politik charakteristisch, dass er sich nicht scheut, inmitten von allgemeineren Ausführungen zu wirtschaftlichen Themen die „jüdische Frage" anzusprechen. „Ich habe die Empfindung, als wenn wir in den Zeiten des Glücks über den grandiosen wirtschaftlichen Aufstieg etwas von dem verloren hätten, was früher das Volk näher zusammenführte, den Gedankenzusammenhang mit den großen Strömungen der Literatur, der Kunst, der Philosophie. Eine Frage, die oft in dieser Gegenwart leidenschaftlich erörtert wird, die Frage, woher das Übergewicht des jüdischen Elements in vieler Beziehung käme, ist, glaube ich, am treffendsten nach der Richtung zu klären, daß gerade unsere jüdischen Mitbürger am ehesten in diesen Dingen drinstehen und darin aufgehen und dadurch eine Überlegenheit haben, die jeder hat, der geistig etwas bedeutet, über einen, der ihm auf diesem Gebiet nicht zu folgen vermag. Lassen Sie im Wirtschaftlichen das Seelische nicht erstarren."[154] Mag die Erklärung auch etwas schwammig bleiben: dass ein Nichtjude und hochrangiger Politiker den wirtschaftlichen Erfolg von Juden nicht als Ergebnis einer „Verschwörung", sondern einer geistigen Überlegenheit betrachtet und es wagt, diese Meinung auch öffentlich zu vertreten, muss auch und gerade Max Warburg eine Genugtuung und Beruhigung gewesen sein.

Kurz danach kann Stresemann seine Politik des Ausgleichs und der Verständigung in die Realität umsetzen. Gemeinsam mit dem englischen und dem französischen Außenminister, Joseph Austen Chamberlain und Aristide Briand, gelingt ihm mit den „Verträgen von Locarno" der erste Schritt zur Überwindung der durch den Weltkrieg noch weiter aufgerissenen Gräben. Fortan werde es, so Chamberlain, „weder Sieger noch Besiegte" geben. Stresemann hob anlässlich der Unterzeichnung der Verträge am 1. Dezember 1925 in London hervor, dass es gerechtfertigt sei, von einer „europäischen Idee" zu sprechen: Er, der Republikaner aus Vernunft, hatte die Kraft gefunden, die Zukunft der Weimarer Republik als eine europäische zu gestalten. 1926 wurde Stresemann und Briand für diese überragende Verhandlungsleistung der Friedensnobelpreis verliehen. Aby und Max müssen sich in diesem Augenblick bestärkt fühlen in ihrem Glauben an die Möglichkeit, dass der aktuelle Antisemitismus letztendlich zu überwinden sei. Einen wichtigen Hinweis darauf liefert erneut das Tagebuch der K.B.W., in dem für das Jahr 1926 ein ungewöhnlicher Vorgang dokumentiert ist: Aby Warburg entwirft eine Briefmarke.

Was hat die Kunst mit dem Leben zu tun? „Die Luftpostmarke setzt die energetische Verkehrsdynamik an Stelle der staatspolitischen Willensübertragung".[155] Schon seit längerem hatte Aby die Briefmarke als ein Bildmedium im Blick, das knapp, unmittelbar und subkutan kulturpolitische Inhalte vermittelte. Aus heutiger Sicht ungewöhnlich, verdankte sich sein Interesse einer damals breiten öffentlichen Diskussion: Die Weimarer Republik sah sich vor die Aufgabe gestellt, sämtliche staatlichen Hoheitszeichen – Münzen, Flaggen, Embleme, Postwertzeichen – neu definieren zu müssen. Dazu installierte sie die Position eines „Reichskunstwartes". In dem dynamischen Kunsthistoriker Edwin Redslob fand sich eine adäquate Besetzung.[156] Aby, der im Lauf seiner Forschungen immer wieder auf das Ausdruckspotential historischer wie aktueller Staatsallegorien gestoßen war, lud Redslob zu einem Vortrag in die K.B.W. ein und garnierte diesen selbst mit ausführlichen Ergänzungen. Das politische Signal der Nobelpreisverleihung setzte 1926 neue Energien in ihm frei, die ihn aus dem Status des Beobachters in den des Gestalters versetzten. Er skizzierte selbst eine neue Luftpostmarke. Ihre Umsetzung vertraute er dem jungen Grafiker Otto Heinrich Strohmeyer an. Als Motiv wählte er stilisiertes Flugzeug, das sich aus einem Hangar in die Lüfte erhebt. Auf den Unterseiten seiner Tragflächen sind die Worte: „Idea vincit" zu lesen. Am unteren Rand sind die Namen „Briand Chamberlain Stresemann" zu lesen. Idea vincit – die Idee siegt: Das grenzüberwindende Medium der Briefmarke sollte zum kulturpolitischen Botschafter einer neuen, europäischen, durch die Verträge von Locarno begründeten Friedensordnung werden. Sie ist es, der Aby hier ein dynamisches, aktives Denkmal setzt.[157]

Am 20. Dezember 1926 ist Stresemann tatlich in der K.B.W. – sein Enthusiasmus lässt allerdings zu wünschen übrig: „Freue mich doch den Mann ‚an die Trambahn rangebracht' zu haben", so notiert Aby im Tagebuch. „Hinter Stresemann's plumpen Stil muß doch viel geistige Civil-Courage stecken. Ich wollte ihm zeigen, daß man seine Entwicklungskurven als Aufstieg auf-

Idea vincit

faßt. Mein Bruder Max ermahnt mich, keinen schlechten Nachgeschmack zu kultiviren (sic). Stresemann sei sehr beeindruckt gewesen von der Art wie ich mit der Bibliothek verknüpft sei, nur sei er krank und in Folge der Krisen nicht aufnahmefähig."[158] Die Wirkung des Blattes auf Stresemann blieb nicht aus: „Rat Merck sagte telephonisch, daß das Blatt Stresemann sehr gefallen habe. Mein Bruder Max stärkte mich auch im Glauben. Nachmittags spät telephonierte Max an, daß Petersen mich antelephonieren werde um die Form zu finden, das Blatt an Briand und Chamberlain gelangen zu lassen. Die K.B.W. solle dabei möglichst zurücktreten. Ganz meine Meinung. (…) Petersen telephoniert daß Stresemann selbst die Idee ausgesprochen habe, daß die K.B.W. Briand und Chamberlain ein Exemplar schicke, was sie aber, weil sie zu bescheiden sei, wohl nicht wolle. Sehr richtig; ich schlage vor, von der Regierung aus die Blätter an Stresemann zur Weitergabe zuzuschicken."[159] Das „Linoblatt" Otto Heinrich Strohmeyers wird in 46 Exemplaren hergestellt und Briand und Chamberlain mit Hilfe des Auswärtigen Amtes überreicht. Gleichzeitig verschickt man es, wie im *Tagebuch* penibel dokumentiert und aus der Korrespondenz ersichtlich, an Korrespondenzpartner in aller Welt.[160]

Es gibt viele Anzeichen dafür, dass sich Max nicht nur mit der Briefmarken-Idee, sondern insgesamt mit dem hochanspruchsvollen, für Außenstehende nicht leicht ver-

{5}

Die fünf Warburg-Brüder in der Kulturwissenschaftlichen Bibliothek (August 1928), von links nach rechts: Paul, Felix, Max, Fritz und Aby

ständlichen Projekt seines älteren Bruders identifiziert: Als Aby ihm beispielsweise, immer in der Absicht zu zeigen, dass sich die Investition in die Bibliothek gelohnt hat, durch Bing einen Bericht über den Besuch des Niedersächsischen Bibliotheksvereins am 10. April 1927 zukommen lässt, antwortet er: „Sehr verehrtes Fräulein Bing, Ihre ausführlichen Zeilen (...) hat (sic) mich außerordentlich interessiert und mir von neuem den Beweis dafür gegeben, daß mein Bruder und wir auf dem richtigen Wege sind."[161] „Mein Bruder und wir auf dem richtigen Weg"[162] – das bedeutet: Anerkennung durch Leistung, hier durch wissenschaftliche Leistung, allmähliche Assimilation nicht in New York, sondern hier, vor der eigenen Tür, in der Region, in Niedersachsen. Aby lässt, hocherfreut über diese Anerkennung, die Antwort seines Bruders als Abschrift in das Bibliothekstagebuch eintragen.

3. Januar 1928 – noch immer geht es zwischen den Brüdern um Hochschulpolitik: Der in enger Arbeitsgemeinschaft mit den K.B.W. lebende Philosoph Ernst Cassirer erhält einen Ruf nach Frankfurt. „In Kösterberg", notiert Aby ins Tagebuch. „Mit Max in bester Form über Schwieriges gesprochen. Cassirers Rektorat. Max absolut dagegen, weil er Cassirer den brutalen Ansprüchen des Amtes nicht für gewachsen hält und weil er fürchtet, daß trübe Erfahrungen im Amt Cassirer geradezu zum Verlassen Hamburgs zwingen könnten."[163] Dass hinter diesen Bedenken eigene Erfahrungen und die Angst vor starken antisemitischen Reaktionen stehen, zeigt Abys Bemerkung, dass Max gegen das Rektorat von Cassirer Bedenken habe, um ihn zu schützen. Außerdem suche Frau Cassirer (in Frankfurt) „Ghetto-Wärme". Am 23. Juni erscheint aus der Feder von Aby ein flammender Aufruf im Hamburger Fremdenblatt „Warum Hamburg den Philosophen Ernst Cassirer nicht verlieren darf."[164] Er zeigt Wirkung: Im Juli 1929 wird Cassirer zu einem der ersten jüdischen Rektoren einer deutschen Universität gewählt.

Was auch festgehalten wird, sind die Schwierigkeiten mit der Familie. Vor allem Paul steht dem inzwischen ein Vermögen verschlingenden K.B.W.-Projekt kritisch gegenüber und muss immer wieder von der Unumgänglichkeit der hohen Ausgaben überzeugt werden. Dieser Etat wird jährlich mit den Brüdern neu verhandelt. „Max M. ermahnte mich in Karlsbad zur energischsten Einsparung im Einzelnen, die er mit Erfolg bei MMW durchführt."[165] Dazu kommt Abys extreme, fordernde Persönlichkeit, deren Intensität nur schwer auszuhalten ist. Er fühlt sich abgelehnt, ausgeladen. Aber „bei der märchenhaft sympathischen 60. Geburtstagsfeier meines Bruders Max [am 5. Juni 1927, KM] sprach ich doch bei Tisch: ich bedankte mich bei meinen Brüdern (und besonders bei Max) daß sie dem geistigen Abentheuer einen so großen Credit eingeräumt hätten, wobei ich nicht hinzuzufügen vergaß, daß es aber ein sehr vernünftiges (solides) Abentheuer sei, auf das sie sich eingelassen."[166]

Im April 1928 lädt Max Vertreter der Handelskammer in die K.B.W. und bittet seinen Bruder, für diese einen Vortrag auszuarbeiten. Er gilt dem „Festwesen der Renaissance" und damit einer für die handfesten Kaufleute auf den ersten Blick exotischen Thematik. Aber Aby versucht, sein Publikum dort abzuholen, wo es steht: Er spricht

Aby und Gertrud Bing auf der Italienreise 1929

über das Wechselverhältnis zwischen Ökonomie und Kultur, er streicht die Bedeutung der wirtschaftlichen Transferwege heraus, er berichtet über die Überwindung der kosmischen Dämonenfurcht durch abstrakte Gesetzmäßigkeit sowie den „clash of cultures", den die Begegnung von nordeuropäischem Realismus und antikem Ideal zur Zeit der Renaissance mit sich brachte; aus ihr entwickelte sich, so seine Beobachtung, eine tiefgreifende Humanisierung und Intellektualisierung: da schimmert seine auch für die Jetztzeit, auch für Hamburg geltende Hoffnung durch.[167] Vom September 1928 bis zum Juni 1929 unternimmt Aby mit seiner Assistentin Gertrud Bing eine Studienreise nach Italien – beunruhigt, aber auch mit wissenschaftlichem Interesse an dessen ausgefeilter Symbol-Politik registrieren sie den Aufstieg von Mussolini.[168]

KURZ vor seinem Tod am 3. Oktober 1929 hält Stresemann vor dem Völkerbund eine Rede, die Berühmtheit erlangten sollte. Die in ihr gestellte Frage „Wo bleibt die europäische Münze, die europäische Briefmarke?", trifft sich exakt mit den Hoffnungen Abys und Max' auf eine bessere Zukunft in einem geeinten Europa – und lässt die Briefmarken-Idee wieder anklingen.

AM 26. Oktober 1929 stirbt Aby, nachdem auch seine physische Konstitution schon länger angegriffen gewesen war, an einem Herzinfarkt. „Er hatte die Gabe", so erinnert sich Max an seinen älteren Bruder, „kritische Zeiten direkt körperlich zu empfinden; sah unglaublich klar die Gefahr. In der Cholerazeit gab er genaue Angaben. ‚Ich habe einen prophetischen Bauch' (Bolschewismus, Antisemitismus). (...) Er hatte Interesse und Verständnis für das Geschäft; sagte uns Bescheid über die Kundschaft, warnte sehr, sich für die Öffentlichkeit zur Verfügung zu stellen. War sehr gegen die Rolle, die wir in späteren Jahren gespielt haben, ‚wir gäben eine zu große Angriffsfläche.' Er hatte eine direkte Börsennase. (...) Er erkannte schon während des Krieges den wachsenden Antisemitismus."[169] Die Bibliothek wird von den Brüdern weiterfinanziert. Sie soll, so bestimmt es Max, „ein Treffpunkt bleiben von Mensch und Buch. Sie soll keine Ansammlung von toten Büchern sein. In den nächsten 5 Jahren wird alles so weitergeführt, wie mein Bruder es wohl gewünscht hätte und gewünscht hat."[170]

DURCH seine engen familiären Verbindungen zu amerikanischen Großbanken wie Kuhn, Loeb & Co. und zur Bank of Manhattan, in der Bruder Paul Vorstandsvorsitzender war, kann sich Max auf die dringend notwendige Beschaffung von Auslandskrediten für deutsche Unternehmen, Länder und Gemeinden, auch für die Hansestadt Hamburg, spezialisieren.[171] Als er dieser kurzfristig einen hohen Schuldenbetrag

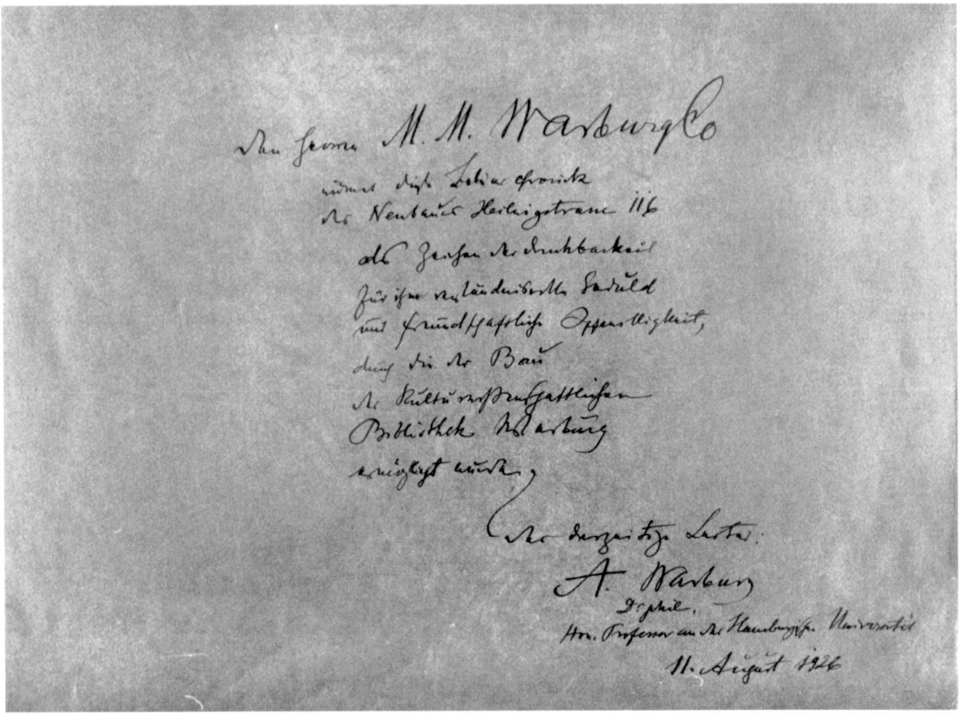
Den Herren M. M. Warburg & Co
widmet diese Foliochronik
des Neubaues Heilwigstrasse 116
als Zeichen der Dankbarkeit
für ihre verständnisvolle Geduld
und freundschaftliche Opferwilligkeit,
durch die der Bau
der Kulturwissenschaftlichen
Bibliothek Warburg
ermöglicht wurde,
der derzeitige Leiter:
A. Warburg
Dr. phil.
Hon. Professor an der Hamburgischen Universität
11. August 1926

Danksagung

stundet, gerät auch er an den Rand der Zahlungsunfähigkeit – aus der ihn die Brüder Paul und Fritz mit einem erheblichen finanziellen Engagement retten. Da die Hamburger Wirtschaft inzwischen Auslandskredite mehr denn je benötigt, behält Max das Ohr der neuen Machthaber und auch (bis Oktober 1933) seinen Platz im Generalrat der Reichsbank. Reichsbankpräsident und Reichswirtschaftsminister Hjalmar Schacht schätzt die Kompetenz des Bankhauses Warburg, das sich inzwischen als Spezialist für Auswanderungsfragen und Devisenrecht einen Namen gemacht hat, hoch.

144 Ebd., S. 112 ff.
145 Marazia; Stimili, Binswanger, S. 99.
146 Warburg, Aufzeichnungen, S. 125.
147 Coudenhove-Kalergi wird in den dreißiger Jahren immer wieder entschieden gegen den grassierenden Judenhass Stellung beziehen und die von seinem Vater verfasste Studie „Über das Wesen des Antisemitismus“ neu verlegen.
148 Vgl. Hoffmann, Warburg.
149 Tagebuch der K.B.W., 10. Juli 1929: Warburg, Tagebuch, S. 469.
150 Tagebuch der K.B.W., 4. Oktober 1926: Ebd., S. 15.
151 Tagebuch der K.B.W., 10. November 1926: Ebd., S. 24.
152 Schoell-Glass, Warburg, S. 178 ff, 181 ff.
153 Übersee-Club, Der Übersee-Club, S. 83–96.
154 Ders., Zeitgeschehen, S. 50.
155 Tagebuch der K.B.W., 28. Februar 1927: Warburg, Tagebuch, S. 62.
156 Vgl. hierzu Weizbacher, Redslob.
157 Mommsen, Freiheit, S. 216.
158 Tagebuch der K.B.W., 20. Dezember 1926: Warburg, Tagebuch, S. 37.
159 Tagebuch der K.B.W., 21. Dezember 1926: Ebd., S. 24 f.
160 McEwan, Facetten, S. 75–98, vor allem 88 f.
161 Vgl. Fleckner; Woldt, Bilderreihen, S. 99 f.
162 Tagebuch der K.B.W., 14. April 1927: Warburg, Tagebuch, S. 81.
163 Tagebuch der K.B.W., 3. Januar 1928: Ebd., S. 265.
164 Warburg, Cassirer.
165 Tagebuch der K.B.W., 7. Mai 1927: Warburg, Tagebuch, S. 90.
166 Tagebuch der K.B.W., 5. Juni 1927: Ebd., S. 99.
167 Vgl. Fleckner; Woldt, Bilderreihen, S. 277.
168 Michels, Warburg.
169 Max Warburg, Erinnerungen von Max Warburg an Aby Warburg, o. D., wohl Dezember 1929 (WIA, III.134.1.6.).
170 Max Warburg, Erinnerung an Aby Warburg anläßlich seines Todes, 5. Dezember 1929 (Archiv der Warburg-Stiftung).
171 Kopper, Bankiers, S. 72 ff.

[9]

Max Warburg verabschiedet sich selbst

Doch letztendlich zerstoben Max' Hoffnungen, die antijüdische Politik der nationalsozialistischen Politik mäßigen zu können. 1932 trat er aus der sich zunehmend antirepublikanisch entwickelnden DVP aus.

Auch die Hapag ist inzwischen, nach der letzten großen Liquiditätskrise, staatlicher Aufsicht unterstellt. Die neuen Machthaber nutzen als erstes die Gelegenheit, Max Warburg aus dem Unternehmen zu entfernen. Im Frühsommer 1933 wird er, jetzt sechsundsechzigjährig, aus dem Aufsichtsrat der Hapag entlassen, offiziell nicht wegen seiner Zugehörigkeit zum Judentum, sondern wegen seines Alters und seiner Nähe zur vorherigen Regierung. Seine Reaktion auf diese bittere und schmerzhafte Entscheidung – niemand protestiert, betretenes Schweigen breitet sich aus – nötigt aufgrund ihrer Souveränität noch heute Bewunderung ab: Sarkastisch genug, ergreift Max das Wort und hält eine Ansprache auf sich selbst: „Meine sehr geehrten Herren, lieber Herr Warburg! Wenn ich mich in diesen Kreisen umsehe, finde ich, verzeihen Sie, kein Gesicht eines Mannes, der für die deutsche Schiffahrt entscheidendes geleistet hätte. Die große und mächtige deutsche Schiffahrt ist vornehmlich das Werk zweier Juden. Der eine ist der verstorbene Albert Ballin und der andere ist der Mann, der die Ehre hat, vor ihnen zu stehen. Es ist nicht meine Art, von mir selber zu sprechen, aber ich weiß, daß Sie mir gerne etwas sagen wollen, und sich vielleicht nur genieren. Erlauben Sie mir, Ihnen etwas nachzuhelfen. Zu unserem großen Bedauern haben wir davon Kenntnis nehmen müssen, daß Sie den Entschluß gefaßt haben, aus dem Aufsichtsrat der Gesellschaft auszuscheiden, ja, daß Sie diesen Entschluß als unwiderruflich bezeichnen. Es fällt uns schwer, von Ihnen scheiden zu müssen, von einem Mann, der zusammen mit dem seligen Albert Ballin unsere Gesellschaft groß gemacht hat. Es fällt uns schwer, in Ihnen einen Bürger zu verlieren, der seinem Vaterlande während des Krieges so große Dienste geleistet hat. Schließlich können wir auch nicht vergessen, daß nach dem Ausgang des unglücklichen Krieges Sie und kein anderer unsere Gesellschaft aus Trümmern wieder aufgebaut und mit Ihrem Gelde saniert haben. Wir haben Ihnen das nicht vergessen. Und wenn wir, die neuen Leute hier, jetzt gezwungen sind, uns von Ihnen, dem altbewährten Mitarbeiter, zu trennen, tragen wir die Schuld. Erlauben Sie mir, daß ich mich von Ihnen verabschiede bis zum Wiedersehen, das heißt bis zu dem Tage, an dem Sie wieder meiner bedürfen.“ Spricht, erhebt sich, faltet seine Serviette und geht.[172]

172 Wiborg, Feld, S. 269.

Max in den dreißiger Jahren

[10]

Zum Schluss

Wie ging es weiter? Saxl und Bing gelingt – mitsamt sämtlicher Bücher und technischer Einrichtungen – Ende 1933 die Emigration nach London. Geholfen hat eine von der Hamburger Oberschulbehörde gedeckte Tarnung der Bücherflucht als „Leihgabe" und der Umstand, dass Teile der K.B.W. als amerikanischer Besitz gelten konnten. In England besteht sie noch heute als Teil der University of London und unter dem Namen „The Warburg Institute" fort.

Erwin Panofsky kann nach New York übersiedeln. Am 21. April 1933 schreibt er von dort einen Brief an Max: „Die wirkliche Tragödie, die hier so wenig verstanden wird, besteht ja für unsereinen darin, daß wir, trotz allem, das Land, und besonders die Stadt, in die wir hineingewachsen sind, so lieb haben, und so finde ich denn, daß man wohl weggehen kann (wiewohl die hiesigen Aussichten nicht gerade rosig sind), aber nicht einfach wegbleiben."[173] Er kehrt tatsächlich noch einmal zurück, aber nur für wenige Wochen. Sein Glück ist es, am Institute of Advanced Study in Princeton ein neues Leben und eine neue Karriere beginnen zu dürfen.

Max glaubt sehr lange, dass sich das Blatt noch wenden würde – und er will helfen. Schon Ende der zwanziger Jahre hat er den Vorsitz des Hilfsvereins der deutschen Juden und die Leitung der Ortsgruppe des Vereins zur Abwehr des Antisemitismus übernommen. Mit seinen eigenen Mitteln kämpft er wie ehemals sein Bruder Aby „gegen die Kräfte des Dunkels", gegen barbarische, vorzivilisierte Strömungen, die sich dem Weg ins Licht der Zivilisation und Humanität entgegenstellen wollen.[174] Nach der Machtübernahme der Nationalsozialisten jongliert er zwischen nachdrücklichem Eintreten für die verfolgten Juden und Unterstützung der neuen Reichsregierung, namentlich des Reichsbankpräsidenten Hjalmar Schacht. 1937 schließt ihn nach fünfundzwanzigjähriger Mitgliedschaft die Kaiser-Wilhelm-Gemeinschaft (heute Max-Planck-Gesellschaft) aus. Max gründet im gleichen Jahr die Allgemeine Treuhandstelle für die jüdische Auswanderung und wird für eine große Zahl Verfolgter zum Fluchthelfer – auch viele Kunsthistoriker aus dem Umkreis der K.B.W. wenden sich an ihn mit der Bitte um Rat, Vermittlung und Unterstützung. Im Dezember 1937 legt man auch der Hamburgischen Wissenschaftlichen Stiftung nahe, Max auszuschließen. Der von allen Kuratoriumsmitgliedern unterzeichnete Brief schließt mit den Worten, dieser habe sich „ein Denkmal, dauerhafter als Erz" geschaffen. Es nützt nichts: 1938 zwingt man Max, die Bank an „Arier" zu übertragen. Ende

August tritt er mit Alice eine Besuchsreise in die USA an. Erst nach den Geschehnissen der „Reichskristallnacht“ und Warnungen seines Vertrauten, des inzwischen zum Syndikus der Bank bestellten Kurt Sieveking, lässt er sich überzeugen, dort zu bleiben. Am 26. Dezember 1946 stirbt Max in New York. Sein Sohn Erich, der sich inzwischen Eric nennt, kehrt 1956 nach Hamburg zurück und wird, auf ein Zusammenwachsen der europäischen Nationen hoffend, erneut Teilhaber des Bankhauses. Seine Bereitschaft und seine Fähigkeit, Brücken zu bauen, haben dem Hamburg der Nachkriegszeit ein neues Gesicht verliehen.

Albrecht Mendelssohn Bartholdy wird 1934 ebenfalls in die Emigration gezwungen. Er findet Aufnahme in Großbritannien, wo er noch kurze Zeit als Senior Fellow am Balliol College in Oxford wirkt; dort verstirbt er, zweiundsechzigjährig, 1936. Die renommierten Instituts-Zeitschriften „Europäische Gespräche“ und „Amerika-Post“ werden noch 1933 eingestellt. Das reduzierte Institut wird schließlich von Reichsaußenminister Joachim von Ribbentrop vereinnahmt, nach Berlin verlagert und dort mit dem Deutschen Institut für Außenpolitische Forschung zusammengelegt. Sein Auftrag, die Analyse von Kriegsursachen zur Vermeidung künftiger Konflikte, verkommt zum Gegenteil: Spätestens mit Kriegsbeginn wird es zu einer reinen Propaganda-Einrichtung zur Rechtfertigung der deutschen Expansion und zur Herabsetzung der Gegner. Nach dem Krieg reaktiviert man in der rechtswissenschaftlichen Fakultät der Universität Hamburg um die gerettete Bibliothek das Institut für Auswärtige Politik, welches jedoch nicht an die internationale Reputation der Mendelssohn-Ära anknüpfen kann. Seine jahrzehntelange provisorische Existenz dauert bis 1973. Seitdem besteht es unter dem Namen Institut für Internationale Angelegenheiten im Fachbereich Rechtswissenschaften der Universität Hamburg fort.[175]

Die Europäische Gemeinschaft und die europäische Münze sind längst Realität. Trotz aller Probleme hat beides bis heute dazu beigetragen, Kriege in ihrem Hoheitsgebiet zu verhindern.

Abys sarkastischer Bemerkung „Ich hätte ein brüllender Löwe in der Wüste Juda werden sollen, statt dessen bin ich ein kapitalistisches Schosshündchen in Harvestehude geworden“ müsste man heute widersprechen.[176] Dass sein Beitrag zur Fortentwicklung der Geisteswissenschaften inzwischen eine so weitreichende, Disziplinen und Grenzen überwindende Bedeutung erlangen würde, hat er damals nicht ahnen können.

173 *Erwin Panofsky an Max Warburg, 21. April 1933: Archiv der Warburg-Stiftung, Hamburgische Wissenschaftliche Stiftung, VII, Archiv No. 507, Hamburg; freundlicher Hinweis von Dr. Johannes Gerhardt.*

174 *Hoffmann, Warburg, S. 142.*

175 *Vgl. Nicolaysen, Mendelssohn.*

176 *Max Warburg, Erinnerungen von Max Warburg an Aby Warburg, o. D., wohl Dezember 1929 (WIA, III.134.1.6.).*

[11]

Anhänge

Stammtafel (Auszug)

Moritz M. Warburg (1838–1910) ⚭ 1864
Charlotte Oppenheim (1842–1921)

Aby M. Warburg (1866–1929)
⚭ 1897
Mary Hertz (1866–1934)

- Marietta Warburg (1899–1973) ⚭ 1926 Peter Braden (1900–1975)
- Max Adolph Warburg (1902–1974) ⚭ 1938 Josepha (Josi) Spiero (1902–1988)
- Frede C. Warburg (1904–2004) ⚭ 1938 Adolf Prag (1906–2004)

Max M. Warburg (1867–1946)
⚭ 1899
Alice Magnus (1873–1960)

- Erich Warburg (1900–1990) ⚭ 1946 Dorothea Thorsch (1912–2003)
- Lola Warburg (1901–1989) ⚭ 1921 Rudolf Hahn (1897–1964)
- Renate Warburg (1904–1984 ⚭ 1927 Richard Samson (1900–1943 ⚭ 1940 Walter Strau (1908–?) ⚭ 1959 Sir Willian Calder (1881–1960

Paul M. Warburg (1868–1932) ⚭ 1895 Nina Loeb (1870–1945) *2 Kinder*	Felix Moritz Warburg (1871–1937) ⚭ 1895 Frida F. Schiff (1875–1958) *keine Kinder*	Olga C. Warburg (1873–1904) ⚭ 1898 Paul Kohn-Speyer (1868–1942) *4 Kinder*	Fritz M. Warburg (1879–1964) ⚭ 1908 Anna B. Warburg (1881–1966) *3 Kinder*	Louise Warburg (1879–1973) ⚭ 1901 Julius Derenberg (1873–1928) *4 Kinder*

Anita Warburg (1908–2008) ⚭ 1940 Max Wolf (1899–1962)	Gisela Warburg (1912–1991) ⚭ 1943 Charles F. Wyzanski jr. (1906–1986)

Aby und Max Warburgs Lebensdaten im Überblick

13. Juni 1866	Aby wird in Hamburg geboren
5. Juni 1867	Max wird in Hamburg geboren
1886	Aby beginnt das Studium der Kunstgeschichte, Geschichte und Archäologie in Bonn und setzt dieses später in München und Straßburg fort
1892	Aby reicht seine Dissertation ein über „Sandro Botticellis ‚Geburt der Venus‘ und ‚Frühling‘. Eine Untersuchung über die Vorstellungen von der Antike in der italienischen Frührenaissance“
1893	Max tritt nach seiner Lehrzeit beim Frankfurter Bankhaus J. Dreyfus & Co. und Aufenthalten in Paris und London als Prokurist bei M. M. Warburg & Co. ein
1904	nach langjährigen Aufenthalten in Florenz siedelt Aby endgültig nach Hamburg über
1906	Moritz Warburg und seine Söhne spenden 250.000 Mark für die geplante Hamburgische Wissenschaftliche Stiftung; Moritz gehört 1907 dem ersten Kuratorium der Stiftung an, in späteren Jahren werden auch Max und Aby Warburg Mitglied dieses Gremiums
1910	nach dem Tod des Vaters übernimmt Max offiziell die Leitung bei M. M. Warburg & Co.; er weitet den Aktionsradius auf das internationale Bankgeschäft aus
1912	Aby erhält vom Hamburger Senat den Professorentitel verliehen
1918	erste Anzeichen einer psychischen Erkrankung bei Aby; Aufenthalt in der Privatklinik Dr. Lienau (Hamburg)
1919	Max ist als Finanzsachverständiger der deutschen Friedensdelegation in Versailles tätig
1921	Aby wird zum Honorarprofessor an der Philosophischen Fakultät der Hamburgischen Universität ernannt; Max bekommt von dieser die Ehrendoktorwürde verliehen
1921–1924	mehrjähriger Aufenthalt Abys in der Privatklinik „Bellevue“ in Kreuzlingen (Schweiz)
1923	Gründung des Instituts für Auswärtige Politik
1925	Aby lässt für seine umfangreiche Bibliothek in der Heilwigstraße 116 ein eigenes Gebäude bauen, das 1926 als Kulturwissenschaftliche Bibliothek Warburg eingeweiht wird
1925–28	Aby hält an der Kulturwissenschaftlichen Bibliothek Lehrveranstaltungen für Studenten der Hamburgischen Universität ab
1927	Max wird Mitglied des Vorstandes des Hilfsvereins der deutschen Juden; von 1935 bis 1938 fungiert er als Vorsitzender des Vereins und als Ratsmitglied der Reichsvertretung der deutschen Juden
26. Oktober 1929	Aby stirbt in Hamburg

1937	Max willigt notgedrungen in die „Arisierung“ der Bank ein
1938	Ende August reist Max in die USA; nach dem Progrom vom 9./10. November bleibt er in New York und wird 1944 amerikanischer Staatsbürger
26. Dezember 1946	Max stirbt in New York

[12]

Quellen, Literatur und Bildnachweis

Unveröffentlichte Quellen:
Der Nachlass und die Korrespondenz von Aby Warburg sind 1933 im Zuge der Emigration der Kulturwissenschaftlichen Bibliothek Warburg mit dieser nach London gegangen. Für die vorliegende Arbeit wurde in erster Linie auf die umfangreichen Archivbestände des Warburg Institute in London zurückgegriffen, außerdem auf vereinzelte Bestände des Archivs der Warburg-Stiftung, Hamburg, und des Archivs der Hamburgischen Wissenschaftlichen Stiftung, Hamburg.

Literatur und veröffentlichte Quellen:

Ahrens, Gerhard: Die Hamburgische Stiftungsprofessur für Geschichte (1907–22), in: Zeitschrift des Vereins für Hamburgische Geschichte 74/75 (1989), S. 41–60

Albrecht, Henning: Alfred Beit. Hamburger und Diamantenkönig, Hamburg ²2015 (Mäzene für Wissenschaft; 9)

Biester, Björn: Der innere Beruf zur Wissenschaft: Paul Ruben (1866–1943). Studien zur deutsch-jüdischen Wissenschaftsgeschichte, Berlin 2001 (Hamburger Beiträge zur Wissenschaftsgeschichte; 14)

Bolland, Jürgen: Die Gründung der „Hamburgischen Universität", in: Universität Hamburg 1919–1969, Hamburg 1970, S. 17–105

Brauer, Ludolph; Mendelssohn Bartholdy, Albrecht; Meyer, Adolf (Hg.): Forschungsinstitute. Ihre Geschichte, Organisation und Ziele, zweiter Band, Hamburg 1930

Bredekamp, Horst: Ex nihilo: Panofskys Habilitation, in: Reudenbach, Bruno (Hg.): Erwin Panofsky. Beiträge des Symposions Hamburg 1992, Berlin 1994 (Schriften des Warburg-Archivs im Kunstgeschichtlichen Seminar der Universität Hamburg / Warburg-Archiv Hamburg; 3), S. 31–47

Chernow, Ron: Die Warburgs. Odyssee einer Familie, Berlin 1996

Fleckner, Uwe; Woldt, Isabella (Hg.): Aby Warburg. Gesammelte Schriften, Bilderreihen und Ausstellungen, Zweite Abteilung, Band II.2, Berlin 2012

Gombrich Ernst H.: Aby Warburg. Eine intellektuelle Biographie, Frankfurt/M. 1981 (Europäische Bibliothek; 12)

Günther, Horst: Aby Warburg und seine Brüder, in: Deutsche Brüder. Zwölf Doppelporträts, Berlin 1994, S. 254–287

Hamburgischer Correspondent Nr. 447 (23. September 1899): Tages-Neuigkeiten

Hertz, Hans W.: Art. Hertz, Adolph Jacob, in: Neue Deutsche Biographie, hg. von der Historischen Kommission der Bayerischen Akademie der Wissenschaften, Band 8, Berlin 1969, S. 708–709

Hoffmann, Gabriele: Max M. Warburg, Hamburg 2009 (Hamburger Köpfe)

Hurttig, Marcus A.: Die entfesselte Antike. Aby Warburg und die Geburt der Pathosformel in Hamburg, Hamburg 2011

Klessmann, Eckart: M. M. Warburg & CO. Die Geschichte eines Bankhauses, Hamburg 1999

Königseder, Karl: Aby Warburg im „Bellevue", in: Galitz, Robert; Reimers, Brita (Hg.): Aby M. Warburg. „Ekstatische Nymphe … trauernder Flussgott". Portrait eines Gelehrten, Hamburg 1995 (Schriftenreihe der Hamburgischen Kulturstiftung), S. 74–98

Kreft, Christine: Adolph Goldschmidt und Aby M. Warburg. Freundschaft und kunstwissenschaftliches Engagement, Weimar 2010

KOPPER, CHRISTOPHER: Bankiers unterm Hakenkreuz, München 2008
MARAZIA, CHANTAL; STIMILLI, DAVIDE (HG.): Ludwig Binswanger. Aby Warburg. Die unendliche Heilung: Aby Warburgs Krankengeschichte, Zürich, Berlin 2007 (Sequenzia)
MCEWAN, DOROTHEA: Facetten einer Freundschaft: Aby Warburg und James Loeb. Verwandte, Freunde, Wissenschaftler, Mäzene, in: Salmen, Brigitte; Splieth-Locherer; Annette (Hg.): James Loeb 1867–1933. Kunstsammler und Mäzen, Murnau 2000, S. 75–98
MELLE, WERNER VON: Dreißig Jahre Hamburger Wissenschaft 1891–1921. Rückblicke und persönliche Erinnerungen. Zweiter Band, herausgegeben auf Anregung der Hamburgischen Wissenschaftlichen Stiftung, Hamburg 1924
MICHELS, KAREN: Aby Warburg. Im Bannkreis der Ideen, München 2007
DIES. (HG.): Aby Warburg. Mit Bing in Rom, Neapel, Capri und Italien. Karen Michels auf den Spuren einer ungewöhnlichen Reise, Hamburg 2010 (Corsolibro – Hamburg: Corso, 2010; 3)
MOMMSEN, HANS: Die verspielte Freiheit. Der Weg der Republik von Weimar in den Untergang 1918–1933, Berlin 1989 (Propyläen-Geschichte Deutschlands; 8)
NICOLAYSEN, RAINER: Albrecht Mendelssohn Bartholdy (1874–1936), in: Rabels Zeitschrift für ausländisches und internationales Privatrecht 75 (2011), S. 1–27
PANOFSKY, GERDA (HG.): Erwin Panofsky. Die Gestaltungsprinzipien Michelangelos, besonders in ihrem Verhältnis zu denen Raffaels, Berlin 2014
RATHENAU, WALTHER: Staat und Judentum. Eine Polemik [1911], in: Walther Rathenau, Gesammelte Schriften in fünf Bänden, Band 1, Berlin 1918, S. 183–207
ROECK, BERND: Der junge Aby Warburg, München 1997
ROSENBAUM, EDUARD: M. M. Warburg Co. Merchant Bankers of Hamburg. A Survey of the First 140 Years, 1798 to 1938, in: Year Book of the Leo Baeck Institute of Jews from Germany 7 (1962), S. 121–149
RUPPENTHAL, JENS: Kolonialismus als „Wissenschaft und Technik“. Das Hamburgische Kolonialinstitut 1908 bis 1919, Stuttgart 2007 (Historische Mitteilungen; 66)
RUSSELL, MARK A.: Between Tradition and Modernity. Aby Warburg and the Public Purposes of Art in Hamburg 1896–1918, Oxford, New York 2007 (Monographs in German History; 19)
SCHÄFER, MICHAEL: Die Kulturwissenschaftliche Bibliothek Warburg. Geschichte und Persönlichkeiten der Bibliothek Warburg mit Berücksichtigung der Bibliothekslandschaft und der Stadtsituation der Freien und Hansestadt Hamburg zu Beginn des 20. Jahrhunderts, Berlin 2003 (Berliner Arbeiten zur Bibliothekswissenschaft; 11)
SCHOELL-GLASS, CHARLOTTE: Aby Warburg und der Antisemitismus. Kulturwissenschaft als Geistespolitik, Frankfurt am Main 1998
ÜBERSEE-CLUB E.V. (HG.): Zeitgeschehen im Übersee-Club 1922–1997. Kultur und Kommerz im Amsinck-Haus am Neuen Jungfernstieg, Hamburg 1997
DERS. (HG.): „Der Übersee-Club sei gegründet“. Vorträge und Reden aus den Jahren 1922 bis 1925. Eine Auswahl, Hamburg 2005
WARBURG, ABY M.: Bildniskunst und florentinisches Bürgertum I. Domenico Ghirlandajo in Santa Trinita. Die Bildnisse des Lorenzo de' Medici und seiner Angehörigen [1902], in: Wuttke, Dieter (Hg.): Aby M. Warburg. Ausgewählte Schriften und Würdigungen, Baden-Baden 1980 (Saecula Spiritalia; 1), S. 65–102
DERS.: Dürer und die italienische Antike [1906], in: Wuttke, Dieter (Hg.): Aby M. Warburg. Ausgewählte Schriften und Würdigungen, Baden-Baden 1980 (Saecula Spiritalia; 1), S. 125–135
DERS.: Die Bilderausstellungen des Volksheims [1907], in: Bredekamp, Horst; Diers, Michael (Hg.): Aby Warburg. Gesammelte Schriften. Studienausgabe, Erste Abteilung, Band I.2: Die Erneuerung der heidnischen Antike. Kulturwissenschaftliche Beiträge zur Geschichte der europäischen Renaissance. Reprint der von Gertrud Bing unter Mitarbeit von Fritz Rougemont edierten Ausgabe von 1932, Berlin 1998, S. 589–592
DERS.: Kommunale Pflichten und allgemeine Geistespolitik [1909], in: Wuttke, Dieter (Hg.): Aby M. Warburg, Ausgewählte Schriften und Würdigungen, Baden-Baden 1980 (Saecula Spiritalia; 1), S. 305
DERS.: Die Wandbilder im hamburgischen Rathaussaale [1910], in: Bredekamp, Horst; Diers, Michael (Hg.): Aby Warburg. Gesammelte

Schriften. Studienausgabe, Erste Abteilung, Band I.2: Die Erneuerung der heidnischen Antike. Kulturwissenschaftliche Beiträge zur Geschichte der europäischen Renaissance. Reprint der von Gertrud Bing unter Mitarbeit von Fritz Rougemont edierten Ausgabe von 1932, Berlin 1998, S. 579–587

Ders.: Das Problem liegt in der Mitte [1918], in: Die Literarische Gesellschaft. Sonderheft zur Universitätsfrage 4, 5 (1918), S. 149–150

Ders.: Heidnisch-antike Weissagung in Wort und Bild zu Luthers Zeiten [1920], in: Wuttke, Dieter (Hg.): Aby M. Warburg. Ausgewählte Schriften und Würdigungen, Baden-Baden 1980 (Saecula Spiritalia; 1), S. 199–304

Ders.: E. Cassirer. Warum Hamburg den Philosophen Cassirer nicht verlieren darf, in: Hamburger Fremdenblatt Nr. 173 (28. Juni 1928)

Ders.: Tagebuch der Kulturwissenschaftlichen Bibliothek Warburg mit Einträgen von Gertrud Bing und Fritz Saxl, hg. von Karen Michels und Charlotte Schoell-Glass, in: Bredekamp, Horst; Diers, Michael; Forster, Kurt W. u. a. (Hg.): Aby Warburg. Gesammelte Schriften, Siebte Abteilung, Band 7, Berlin 2001

Warburg, Max M.: Aus meinen Aufzeichnungen, Glückstadt 1952

Warburg, Eric M.: Zeiten und Gezeiten. Erinnerungen, Hamburg 1982

Warnke, Martin: „Ich bin wissenschaftlicher Privatbankier, dessen Credit so gut ist wie der der Reichsbank". Aby Warburg und die Warburg-Bank, in: Michels, Karen: Aby Warburg. Im Bannkreis der Ideen, München 2007, S. 10–19

Ders.: Lebendige Kunstgeschichte. Mit Warburg im großen Festsaal des Hamburger Rathauses, in: Zeitschrift für Ideengeschichte 8, 3 (2014), S. 110–118

Weber, Hermann: Rechtswissenschaft im Dienst der NS-Propaganda. Das Hamburger Institut für Auswärtige Politik und die deutsche Völkerrechtsdoktrin in den Jahren 1933 bis 1945, in: Gantzel, Klaus-Jürgen (Hg.): Wissenschaftliche Verantwortung und politische Macht. Zum wissenschaftlichen Umgang mit der Kriegsschuldfrage 1914, mit Versöhnungsdiplomatie und mit nationalsozialistischem Großmachtstreben. Wissenschaftliche Untersuchungen zum Umfeld und zur Entwicklung des Instituts für Auswärtige Politik Hamburg/Berlin 1923–1945, Berlin, Hamburg 1986 (Hamburger Beiträge zur Wissenschaftsgeschichte; 2), S. 185–425

Weizbacher, Christian: Edwin Redslob. Biographie eines unverbesserlichen Idealisten, Berlin 2009

Wiborg, Susanne; Wiborg, Klaus: 1847–1997. Unser Feld ist die Welt. 150 Jahre Hapag-Lloyd, Hamburg 1997

Bildnachweis:
Archiv der Hamburgischen Wissenschaftlichen Stiftung (S. 57)
Archiv des Warburg Institute (restliche Bilder)
Hamburger Bibliothek für Universitätsgeschichte (S. 63)
Privatbesitz Marie Warburg (S. 32)
Privatbesitz Max Warburg (S. 17, 30, 42, 44, 97)
Universität Hamburg, Warburg-Archiv (S. 12, 14, 15, 34, 83, 84, 86)

[13]

Namensregister

Verzeichnet sind die Namen von natürlichen Personen, die in den Kapiteln 1 bis 10 genannt werden. Anmerkungen bleiben unberücksichtigt, ebenso die Namen Aby und Max Warburg. Ein * verweist darauf, dass auf der angegebenen Seite (auch) ein Bild der jeweiligen Person bzw. der Name des Malers erscheint. Bei den Vornamen findet in den meisten Fällen eine Beschränkung auf den Rufnamen statt

Aus der Reihe „Mäzene für Wissenschaft“ sind bei Hamburg University Press erschienen:

Band 1 Die Begründer der Hamburgischen Wissenschaftlichen Stiftung
Band 2 Sophie Christine und Carl Heinrich Laeisz. Eine biographische Annäherung an die Zeiten und Themen ihres Lebens
Band 3 Eduard Lorenz Lorenz-Meyer. Ein Hamburger Kaufmann und Künstler
Band 4 Hermann Franz Matthias Mutzenbecher. Ein Hamburger Versicherungsunternehmer
Band 5 Die Brüder Augustus Friedrich und Gustav Adolph Vorwerk. Zwei Hamburger Kaufleute
Band 6 Albert Ballin
Band 7 Ernst Friedrich Sieveking. Erster Präsident des Hanseatischen Oberlandesgerichts
Band 8 Franz Bach. Architekt und Unternehmer
Band 9 Alfred Beit. Hamburger und Diamantenkönig
Band 10 Hermann Blohm. Gründer der Werft Blohm & Voss
Band 11 Gustav Amsinck. Ein Hamburger Großkaufmann in New York
Band 12 Henry P. Newman. Hamburger Großkaufmann und Mäzen
Band 13 Adolph Lewisohn. Kupfermagnat im „Goldenen Zeitalter“
Band 14 Johannes August Lattmann. Sozial und liberal im vordemokratischen Hamburger Senat
Band 15 Heinrich Freiherr von Ohlendorff. Ein Hamburger Kaufmann im Spiegel der Tagebücher seiner Ehefrau Elisabeth
Band 16 Edmund Siemers. Unternehmer und Stifter
Band 17 „Es muß besser werden!“ Aby und Max Warburg im Dialog über Hamburgs geistige Zahlungsfähigkeit
Band 18 Stadt – Mann – Universität: Hamburg, Werner von Melle und ein Jahrhundert-Lebenswerk, Teil 1: Der Mann und die Stadt, Teil 2: Der Mann und die Universität
Band 19 Julius Carl Ertel. Ein Hamburger Industrieller
Band 20 Diamanten, Dynamit und Diplomatie: Die Lipperts. Hamburger Kaufleute in imperialer Zeit
Band 21 Georg Hermann Stoltz. Ein Kaufmann zwischen Hamburg und Brasilien

Impressum

Bibliografische Information der Deutschen Nationalbibliothek
Die Deutsche Nationalbibliothek verzeichnet diese Publikation in der Deutschen Nationalbibliografie; detaillierte bibliografische Daten sind im Internet uber https://portal.dnb.de abrufbar.

Online-Ausgabe
Die Online-Ausgabe dieses Werkes ist eine Open-Access-Publikation und ist auf den Verlagswebseiten frei verfugbar. Die Deutsche Nationalbibliothek hat die Online-Ausgabe archiviert. Diese ist dauerhaft auf dem Archivserver der Deutschen Nationalbibliothek (https://portal.dnb.de/) verfugbar.
DOI
https://dx.doi.org/10.15460/HUP.MFW.17.02.207

Printausgabe
ISSN 1864-3248
ISBN 978-3-943423-85-3

Herausgeber: Dr. Ekkehard Numann
Redaktion, Koordination und Lektorat:
Dr. Johannes Gerhardt
Grundgestaltung: Peter Schmidt Group
Layout: Michael Sauer
Schrift: Adobe Garamond (alle Rechte vorbehalten)
Druck: Books on Demand, Norderstedt

Verlag: Hamburg University Press, Verlag der Staats- und Universitatsbibliothek Hamburg Carl von Ossietzky,
2., durchgesehene Auflage,
Hamburg (Deutschland), 2020
http://hup.sub.uni-hamburg.de

Hamburgische Wissenschaftliche Stiftung
Edmund-Siemers-Allee 1, Raum 113
20146 Hamburg
http://h-w-s.org